DEUTSCHLAND
ÖSTERREICH
Flintsbach
Petersberg
Salz-burg
E60
E55
Isar
Lech
stdorf /
retto
Holzgau
Scharnitz
Inn
Innsbruck
E60
E45
Vent
Unser Frau
Meran
Latzfonser Kreuz
Latzfons
Bruneck
Heiligkreuzkofel
Sankt Leonhard
Lienz
Drau
Maria Luggau
Cima Sappada
Etsch
Leifers
Bozen
Maria Weißenstein
Piave
E45
Trient
EN
E55
Gardasee
E70
Venedig
Adriatisches Meer
Adige (Etsch)
Mincio

Helmut Betz / Knut Waldau

Der Erde nah

dem Himmel entgegen

Helmut Betz / Knut Waldau

Der Erde nah

dem Himmel entgegen

Ein Pilgerführer für die Alpen

Mit Tourenbeschreibungen

Kösel

Umschlag: Kaselow Design, München
Umschlagmotiv: mauritius images / Busse Yankushev
Bild Umschlag hinten: Guido Hofmann, Kaufbeuren
Landkarten: Maria Ackmann, Hagen
Druck und Bindung: Kösel, Krugzell
Printed in Germany
ISBN 978-3-466-36849-5

Gedruckt auf umweltfreundlich hergestelltem Bilderdruckpapier
(säurefrei und chlorfrei gebleicht)

Weitere Informationen zu diesem Buch und unserem gesamten
lieferbaren Programm finden Sie unter

www.koesel.de

Inhalt

Einleitung

> Wo kämen wir hin,
> wenn alle fragten »Wo kämen wir hin?«
> und keiner ginge mehr, um einmal zu schauen,
> wohin wir kämen, wenn wir gingen.
>
> *Kurt Marti*

Das Gebirge ist wie jeder Raum, den wir betreten, durch eine Atmosphäre geprägt. Wir wissen bald nach dem Eintritt, ob wir darin bleiben und etwas erfahren wollen oder lieber nicht. Es gibt Räume, deren Atmosphäre in besonderer Weise zur Suche nach Gott einlädt. Oft sind sie still, entlegen und der Zeit enthoben. So haben wir auf unseren Wegen die alpine Landschaft erfahren.

Wie große Meere und weite Wüsten gehören Berge nach der klassischen Typologie zu den Landschaften, die im Betrachter den Eindruck der Erhabenheit hervorrufen. Es fehlt ihnen die sanfte Schönheit lieblicher Mittelgebirgs- oder verspielter Flusslandschaften. Hohe Gebirge sind anders schön: ernster, schwerer und unergründlicher. Sie sind einsam und in eindeutiger Weise für uns Menschen unverfügbar. Die Zeit vergeht hier nicht wie in den sich andauernd verändernden Lebensräumen, die wir bewohnen. Mit zunehmender Höhe verewigt sich die Landschaft. Von Meeren und Wüsten unterscheidet sich das Gebirge dadurch, dass seine Wege in die Tiefe und Höhe führen. Sie gehen über Pässe, auf Gipfel, in Schluchten, durch Täler und unterschiedliche Vegetations- und Klimastufen. Stärker als in anderen Landschaften bestimmen Übergänge das Unterwegssein im Hochgebirge. Wege verlaufen hier nie gerade. Sie winden sich zu ihren Zielen und führen an und über Grenzen in andere Bereiche, die zuvor nicht einsehbar waren. In diesem Raum haben wir nach Steigen und Pfaden gesucht, über die seit langer Zeit die Wege der Gottessuche vieler Menschen führen. So entstand dieses Buch.

Pilgern

Menschen können sich verändern, wenn sie durchs Gebirge gehen. Sie werden dann stiller, weicher, schauen und staunen mehr als sonst über die Tiefe des Seins und die Weite des Lebens. Das sind Erfahrungen, die Wege der spirituellen Suche begleiten. Es ist deshalb sicher kein Zufall, dass sich gerade in der alpinen Landschaft eine sehr ausgeprägte Pilgertradition entwickelt hat.

Bei einer Pilgerreise war der Weg schon immer mindestens ebenso bedeutsam wie dessen Ziel. Viele Mönche pilgerten, ohne zu einem bestimmten Wallfahrtsziel gelangen zu wollen. Diese Betonung des Unterwegsseins gegenüber dem Ankommen entspricht der Weise, wie wir die Wege dieses Buches begangen haben.

Die Grundbewegung des Pilgerns ist das Gehen. Mit Bus oder Auto in die unmittelbare Nähe von heiligen Orten zu gelangen, ist nur eine Lösung, falls es anders nicht möglich ist. Es gibt keine wirklichen Naturerfahrungen durch Autofenster hindurch.

Gehen ist die asketischste und einfachste Form der menschlichen Bewegung. Wer den Ort, an dem er gerade ist, verlassen will, geht los und nimmt das mit, was er unterwegs braucht. Leicht sollte das Gepäck sein, auch an Vorstellungen von dem, was sich auf dem Pilgerweg ereignen wird. Ob der Weg in den Tagen des Pilgerns als heilsam oder erschöpfend, entleerend oder erfüllend erfahren wird, bleibt offen. Und ebenso ungewiss ist es, wie der Pilger unterwegs Gottes Begleitung und Beistand erlebt. Eine spirituelle Erfahrung kann nicht vorherbestimmt, willkürlich initiiert oder gar erwartet werden – sie widerfährt uns. Das Johannesevangelium überliefert diese Bedingung jeder Gottessuche in dem bekannten, großen Bildwort über das Wirken des Geistes Gottes im nächtlichen Gespräch zwischen Jesus und dem Rat suchenden Nikodemus:

»Der Wind weht, wo er will;
du hörst sein Brausen, weißt aber nicht, woher er
kommt und wohin er geht.«

(Joh 3,8)

Pilgern braucht Zeit und Wege, auf denen das Unterwegssein an sich erlebt werden kann. Es gleicht darin der Bewegungsform, die früher mit dem Begriff »Wandeln« beschrieben worden ist – eine betont ruhige, anmutige Form des Gehens, auf die sprachlich auch die »Verwandlung« bezogen ist. Langes Gehen wird irgendwann zeit- und endlos, auch wenn der Weg ein Ziel hat. Wegziele verändern sich unterwegs. Erst auf dem Weg wissen wir manchmal, wozu und wohin wir ihm folgen. Sich darauf einzulassen ist Pilgern.

Die Auswahl der Wege und Orte

Viele Pilgerziele haben eine lange Geschichte, die teilweise in die vorchristliche Zeit zurückreicht. Alpine Orte, zu denen sich eine Pilgertradition entwickelt hat, weisen oft bestimmte landschaftliche Merkmale auf. Pilgerwege im hochalpinen Bereich führen häufig zu Übergängen, auf Gipfel oder an andere exponierte Plätze. In den talnahen Regionen sind es dagegen gerade Orte, die eher im Verborgenen liegen, an einem Bach oder einer Quelle, geschützt durch die umgebenden Berge und deren Wälder. Jeder Ort hat seine Entstehungslegende. Oft erzählt sie die wundersame Auffindung der Stelle, an der dann eine Kapelle oder Kirche errichtet worden ist.

Die Sammlung dieses Buches umfasst 12 Pilgerwege, die zu Zielen in den Alpen führen. Wir stellen also kein alpines Teilstück des Pilgerweges nach Santiago vor. Das Spektrum reicht von den Karnischen Alpen bis ins Piemont. Wir zeigen Ihnen nicht die »schönsten«, »ältesten« oder »verborgensten« Pilgerwege der Alpen. Aber alle führen Sie durch Landschaften und zu Orten, die Sie die spirituelle Tiefe der alpinen Pilgertradition erleben lassen.

Mit dem Buch unterwegs

Landschaftliche Eindrücke, spirituelle Impulse und Wegbeschreibung fließen in den Texten ineinander, die wir zu jedem der Wege verfasst haben. Eine Trennung dieser Aspekte des pilgernden Unterwegsseins erschien uns nicht sinnvoll, da die Bilder und Gedanken auf dem Weg auch nicht thematisch streng gegliedert in unserem Bewusstsein auftauchen.

Jedem Weg haben wir ein Thema zugeordnet, das ihn nach unserer Erfahrung charakterisiert oder sich uns im unmittelbaren Erleben aufgedrängt hat. Es sind existenzielle Fragen, die sich an prägnanten Wegpunkten gestellt haben, aber auch fundamentale Themen des christlichen Glaubens, die der Weg uns aufgegeben hat. Vielleicht passt es für Sie, mit den von uns angebotenen Gedanken zu gehen – vielleicht folgen Sie auch ganz anderen Spuren.

In der Übersicht am Ende jedes Kapitels finden Sie alle wichtigen Informationen zum Weg zusammen mit einem Kartenausschnitt. Hier weisen wir ferner auf sinnvolle Wegvarianten hin. Bitte beachten Sie auch die Angaben zu Schwierigkeit und Anforderungen, da einige der ausgewählten Wege durch hochalpines Gelände führen und entsprechende Trittsicherheit und Vorsicht erfordern. Wenn nicht anders angegeben, beziehen sich Distanz und Gehzeit nur auf den Aufstieg bzw. Hinweg.

Dank als Triebfeder gelingenden Lebens – *Von Cima Sappada nach Maria Luggau*

Verpflichtung oder Dankbarkeit

Es ist schon einige Jahre her, als ich im Rahmen von Bergexerzitien eine Gruppe über den Karnischen Höhenweg geführt und dabei im Hochweißsteinhaus von einer Wallfahrt aus dem Italienischen herüber nach Maria Luggau unten im Lesachtal gehört habe. Später habe ich Näheres über ihren Ursprung erfahren. Die Gefahr einer Rinderseuche veranlasste im Jahre 1804 die Bevölkerung von Sappada (Ploden) zu dem Gelöbnis, zur Gnadenmutter von Maria Luggau zu pilgern, wenn alles gut ausgehen würde. Und tatsächlich, die Seuche konnte abgewendet werden, und so entstand diese Dankwallfahrt. Ursprünglich wurde sie jedes Jahr am 29. Juni durchgeführt. Später gingen die Wallfahrer am dritten Samstag im September ihren Weg hin und am Sonntag wieder zurück.[1] Mehrere Hundert Plodner machen sich auch heutzutage noch an diesem Wochenende auf zu der spätgotischen Pietà von Maria Luggau.[2]

Aus der Ferne lockt unser Ziel, die Kirche Maria Luggau

Irgendwie habe ich mich davon angesprochen gefühlt, dass Menschen sich damals aus Dank auf diesen langen Weg über das Gebirge gemacht hatten. Zum Dank und nicht, wie es sonst häufig der Fall ist, als Bitte! – Oder war es nur ein Gefühl der Verpflichtung, das Gelöbnis auch einzulösen?

Mit diesen Gedanken im Hinterkopf stehe ich nun da bei etwas trübem Wetter in Cima Sappada (1.290 m) vor der Kirche St. Oswald und blicke in die Richtung, wohin ich zunächst gehen muss, ins Val di Sesis, an der Piave entlang, die dort oben irgendwo am Fuße des Monte Peralba ihre Quellen hat. Innerlich bin ich etwas unruhig. Der Blick auf die Uhr zeigt mir, dass ich schon etwas spät dran bin. Der Weg ist mit immerhin 25 km Länge und 1.100 Höhenmetern im Aufstieg nicht gerade kurz und eine Übernachtungsmöglichkeit ist auch noch nicht gebucht. Dennoch bleibe ich noch an einer Informationstafel hängen, auf der sich Hinweise zur »alljährlichen Wallfahrt der Gemeinde Sappada nach Maria Luggau« finden. Dabei weckt die Aussage eines Don Valentino da Nicolo meine Aufmerksamkeit. Bei seiner Wallfahrt von San Pietro di Cadore nach Maria Luggau im Jahre 1890 soll er im Anblick der Kirche von Maria Luggau ausgerufen haben: »Hier der Heilige Ort, wo man in hundert unterschiedlichen Nöten betet, in tausend und tausend Dialekten: und alle versteht sie die Gottesmutter der Liebe, die heilige Muttergottes. Ja, sie versteht sie, und der Pilger bricht von dort stets getröstet und erhört auf, oder es begleitet ihn mit der Hoffnung eine Art Gewissheit nach Hause, es zu sein.« Nun, vor über 200 Jahren müssten sich die Plodner eigentlich schon vor der Wallfahrt getröstet und erhört gefühlt haben. Die Seuchengefahr war vorüber. Dennoch haben sie sich auf diesen langen Weg gemacht.

Was hilft besser gegen innere Unruhe, als zu gehen? Also los jetzt!

Weg durch Cima Sappada

Der Weg führt auf der Fahrstraße an alten Bauernhäusern vorbei durch Cima Sappada. Der erste Wegweiser zeigt: »Rifugio Sorgenti del Piave«. Am Ende des Ortes nach einer kurzen Biegung schwillt plötzlich das Rauschen der Piave an und der Blick fällt durch eine Waldschneise hinunter zum Fluss. Etwas schnell setze ich meine Schritte, nehme dennoch die Stille des Waldes wahr, die nur durch Vogelgezwitscher durchbrochen, aber nicht wirklich gestört wird. Eher ist es meine Unruhe, welche die Stille nicht in mich herein oder in mir zur Entfaltung kommen lässt. Malerisch bewegt sich nach kurzer Zeit der Weg in Windungen durch jetzt, Mitte Juni, noch nicht gemähte, von blühender Pracht bedeckte Almwiesen. Ich habe die Ahnung, dass das ganz beruhigend wirken könnte, hätte ich in mir nur nicht so einen Zeitdruck aufgebaut.

Ich lenke mich ab mit Gedanken an den Ursprung und Sinn dieser Wallfahrt. Menschen machen sich auf den Weg hinüber nach Maria Luggau zur »Gottesmutter der Liebe«, um zu danken. Wie tief ging der Dank der Bevölkerung von Ploden bzw. Sappada? Wie viele Bittgebete, Flehanrufe müssen in der Zeit davor aus ihren Herzen geflossen sein: Die Bitte um Verhinderung der Seuche, dass doch nicht ihre Lebensgrundlage dahinsiechen möge? Die Bitte, dass *er* heilbringend eingreifen möge oder dass die Schicksalsmächte sich zum Positiven wenden sollten? Wie tief ging der Dank der Menschen, dass sie sich der Anstrengung des Weges über das Gebirge und unsicheren Wetterbedingungen ausgesetzt haben? Oder war es das Versprechen, das sie moralisch gedrängt, ja gezwungen hat, ihrer Verpflichtung nachzukommen? Verlangt gar Gott selbst von uns, ihm deshalb zu danken, weil wir es ihm schuldig sind?

Dankbarkeit als solche, aber auch Zeichen der Dankbarkeit zu setzen, sollte nach meinem Verständnis unabhängig sein von dem Gefühl, einer Pflicht nachzukommen. Eigentliche Dankbarkeit ist ein Gefühl, das ausgelöst wird durch die liebende Zuneigung eines anderen. Diese liebende Zuneigung ist ein Geschenk, das keine entsprechende Gegenreaktion erwartet, nicht einmal Dankbarkeit selbst. Der Beschenkte kann dieses Geschenk aus freien Stücken annehmen, ohne sich verpflichtet zu fühlen, einen Ausgleich zu schaffen. Auch seine Dankbarkeit wiederum ist frei geschenkt und entspringt einfach einem Gefühl der Zuneigung und Liebe, ohne den anderen in irgendeiner Weise binden zu wollen. Ich fürchte, in unserer Geschenkkultur ist viel zu oft ein moralischer Impetus mit enthalten – wenn ich dir Gutes tue, dann erwarte ich von dir Entsprechendes. Und diese Vorstellung findet sich in der Gottesbeziehung wieder: Wenn Gott mich gut aus einer Krise herausführt, dann werde ich mich revanchieren. Wenn es mir nicht gut geht, dann war ich vielleicht nicht gut oder nicht dankbar genug, oder ich habe gesündigt ... Als ob Gott auf sein Geschenk des Lebens aus reiner Liebe irgendetwas von uns erwarten würde. Er verlangt nicht, dass wir uns in irgendeiner Weise moralisch verpflichtet fühlen, sondern freut sich einfach nur, wenn wir ihm mit unserer Liebe zu ihm antworten. Keineswegs ist ein moralischer Anspruch in seinem Liebesgeschenk mitgegeben, sondern einfach das Angebot, sich durch seine Liebe zum Heil führen zu lassen.

Ich habe die Ahnung, dass die Plodner sich sicher auch verpflichtet gefühlt haben, ihr Versprechen einzulösen, aber zugleich bereits in der Rettung, der Abwendung der Seuche, Gottes Liebe bzw. die der »Gottesmutter der Liebe« zumindest erahnt haben und auf ihrem Weg über das Gebirge dann immer mehr in diese Liebe eingetaucht sind. Aus verpflichteter Dankbarkeit dürfte eine gelebte Dankbarkeit rein aus Liebe gewachsen sein.

»Gott will nicht verehrt, er will gelebt werden«[3] – diese Aussage von Willigis Jäger bringt das Ganze, meine ich, ganz gut auf den Punkt. Tatsächlich, wenn ich so zurückdenke, waren das immer ganz befreiende Augenblicke, als ich von der Faszination über die Schöpfung durchströmt worden bin oder wenn ich durch die mir geschenkten Fähigkeiten etwas vollendet habe; befreiende Augenblicke, weil sich plötzlich Leben, ja eine erfüllte Lebendigkeit in mir Raum geschaffen, sich mir mein Dasein als wunderbares Geschenk aufgedrängt hat und ich gar nicht anders konnte, als *ihm* für seine lebendige Gegenwart zu danken.

Nun ja, die Erinnerung an dieses Lebensgefühl ist nicht das Gleiche wie das Erleben selbst. Der Gedanke an die drängende Zeit wirkt ernüchternd und bringt mich wieder zurück, hierher auf meinen Weg.

Vom Denken zum Fühlen

So lange bin ich eigentlich noch nicht unterwegs und dennoch habe ich den Eindruck, dass die Teerstraße sich zieht. Nach einer Brücke, als ich vielleicht nach einer halben Stunde Gehzeit die Teerstraße einmal verlassen kann, bringe ich den Gedanken der Trostlosigkeit einer Teerstraße im Gebirge nicht aus dem Kopf. Das ganze

Triste Teerstraße mit schneebedecktem Monte Peralba in unwirklicher Nähe

Unterfangen, über alpine Pilgerwege an so einem Buch zu schreiben, stellt sich mir plötzlich infrage. Dass dies ein Anlass wäre, für die Schöpfung zu danken, auch dafür, dass ich wirklich das Glück gehabt habe, einen Beruf ergreifen zu können, der für mich nicht nur Gelderwerb, sondern tatsächlich eine Berufung ist und mich immer wieder erfüllt, das alles sagt mir im Augenblick zwar mein Verstand, ist aber für mich innerlich irgendwie nicht fassbar. Wie kann sich die Eintönigkeit der Teerstraße mit dem verspürten Zeitdruck nur so in mir verbinden, dass alles Schöne und Belebende außen herum mich nicht berührt, sondern eher in einem Gefühl der Trostlosigkeit aufgeht? Da taucht plötzlich eine kleine Wegkapelle auf: »S. Maria di Luggau« steht über dem Eingangsportal und in ihr findet sich ein Abbild des Gnadenbildes von Maria Luggau, der »Gottesmutter der Liebe«. Verwundert betrachte ich dieses Abbild meines Zieles, das ich unmittelbar als Zeichen für seine Erreichbarkeit und somit als ein Hoffnungszeichen deute.

Jedenfalls empfinde ich jetzt beim Weitergehen das Steigen auf Stein und Waldboden, immer wieder am Bach entlang, als wohltuend. Der Bach wird mir immer vertrauter. Seitlich plätschern andere Bächlein herab. Ich merke, diese sind nicht die meinigen, sondern dieser Bach da unten, neben mir, ist es, der mir meinen Weg weist, dem ich folgen muss, seinem Ursprung entgegen. – Hilft er mir, mich auch wieder in mich zurückzuführen, hin zu meiner Lebensquelle, zu dem, was mein Leben ausmacht?

Wild, tosend, turbulent ist der Bach an manchen Stellen, voller Leben. Etwas weiter weg weicht sein Rauschen zurück, wird eintönig und still. Ja, ich muss einsteigen in mein Leben, trotz oder gerade wegen aller Turbulenzen, oft auch dem Strom entgegen. Ich brauche aber auch die Stille neben dem Bach, die Erholung. Das könnte allerdings eintönig werden, wenn ich dabei die Beziehung zu meinem Lebensfluss verliere. Aber dieses Geschehen habe ich kaum in der Hand.

Oh, da ist wieder die Teerstraße, und bald darauf gehe ich am Rifugio Piani del Christo vorbei. Die Teerstraße wird mich, mit Ausnahme kleiner Abstecher auf den Naturlehrpfad, noch länger begleiten, aber das stört mich nicht mehr. Ich habe meinen Rhythmus jetzt gefunden, meine Sinne und mein Geist öffnen sich immer mehr dem, was mir entgegenkommt. Dieses Mal ist es mir schwergefallen, die Gedanken- und Bilderflut hinter mir zu lassen und mich auf den Weg einzulassen.

Danken ist Leben

Bald erreiche ich ein kleines Hochtal, in dem die Piave links vom Weg gemütlich dahinplätschert. Als krasser Gegensatz dazu türmen sich halb rechts vor mir die schroffen Felswände des Monte Peralba in die Höhe, unter denen sich mein Pilgerweg hinaufschlängelt. Nach einiger Zeit komme ich an die Weggabelung. Sie ist bei einem Parkplatz auf 1.815 m Höhe, wo man den Weg Richtung Rifugio Sorgenti del Piave verlässt, um sich rechts bergan aufzumachen Richtung Rifugio Calvi und Passo Sesis.

Der nun steilere Aufstieg, wo einem der Atem bewusster wird, hilft, den Gedanken- und Bilderfluss noch mehr zu beruhigen. Die Unsicherheit, ob ich mein Ziel und eine Übernachtungsmöglichkeit heute noch finden werde, ist dem Vertrauen gewichen, dass das schon gelingen wird. Das Empfinden, im Augenblick zu sein, nimmt immer mehr zu. Das Ziel, wie weit es auch noch weg ist, tritt zurück. Der Ausgangspunkt, so weit er jetzt auch schon zurückliegt, tritt ebenfalls zurück. Ich bin hier, und kurz darüber nachgedacht, ich bin hier mit *ihm*. Es geht so schön gleichmäßig den breiten Forstweg hinauf – oben sehe ich bereits das Rifugio Calvi –, dass ich den Abzweiger, der einen kürzeren, schnelleren, aber dafür etwas steileren Weg verheißt, rechts liegen lasse, was sonst nicht meine Gepflogenheit ist. Schritt für Schritt im Atemrhythmus geht's den Berg hinauf. Ich spüre Kraft in meinen Beinen. Ich spüre, wie sich die Lungen mit Luft füllen und die Luft wieder ausgeatmet wird. Ich spüre die Lebensenergie, die Lebenskraft. Und plötzlich ist sie da, diese Freude zu leben, die Freude, diese Bergwelt hier genießen zu können, die Freude darüber, das alles geschenkt bekommen zu haben, von *ihm*. Und da kommt der Dank, das »Ich danke dir für diese Lebenskraft, die Lebensenergie, für deine Schöpfung, von der ich ein Teil sein darf!«.

So komme ich an im Rifugio Calvi (2.164 m). Von Dankbarkeit erfüllt, stärke ich mich mit »Plodner Suppe« und steige weiter hinauf zum Passo Sesis (2.312 m). Inzwischen hat es leicht zu schneien begonnen, was mich aber nicht weiter stört.

Der Übergang

Ich genieße nochmals den hier in das Landschaftsbild des Joches eingeschriebenen Übergang, den ich innerlich auf den letzten paar Hundert Metern des Aufstiegs durchlebt habe. Die Anstrengung des Aufstiegs ist vorbei, die Trostlosigkeit der Teerstraße, die Fremdheit des Weges, der sich mir zunächst nicht eröffnet hat, die Kluft zwischen Denken und Erleben, der Welt draußen und meinem Innenleben, das alles ist jetzt hinter mir. Ich habe mich als Teil der alles durchströmenden, göttlichen Lebensenergie erlebt, die sich im Dank an *ihn* und in *ihm* artikuliert hat.

Das, was hinter mir liegt, bleibt zurück. Das vor mir Liegende eröffnet sich, wenn auch noch nicht weit. Ich sehe bis zum Bladner Joch, das auch ein möglicher Übergang zum Hochweißsteinhaus wäre, und erahne noch etwas weiter unten das Ofner Joch, das die Wallfahrer aus Forni Avoltri über den Karnischen Alpenkamm nach Maria Luggau führt. Ich gehe jetzt hinüber zum Hochalpl Joch (2.280 m), von dem es dann fast nur noch bergab geht. Sicher wird bald der Blick ins Tal frei werden.

Was wird wohl den Wallfahrern vor über 200 Jahren durch den Kopf gegangen sein, als sie endlich dieses Joch erreicht hatten? Ich kann mir gut das Durchatmen vorstellen, die Freude über den gelungenen Aufstieg und den Dank für das überwundene Unheil der Seuche, die nun den Blick frei machen nach vorne, hinab zur »Gottes-

Die letzten Schritte zum Passo Sesis. Die äußere Unwirtlichkeit stört nicht mehr

mutter der Liebe«. Ich spüre, wie das Gelöbnis, die Verpflichtung zurückweicht hinter ein den ganzen Menschen durchströmendes, belebendes Dankgefühl, in dem sich Gott selbst offenbart.

Gott will nicht verehrt, er will gelebt werden

Bald schon taucht das Hochweißsteinhaus (1.868 m) unter mir auf und etwas später die Ingridhütte (Frohn Alm, 1.650 m). Schnell kommt man herab aus felsigen, unwirtlichen Höhen durch lichten Wald auf fruchtbaren, saftigen Almboden. Herbert Guttenbrunner erzählt in seiner »Plodner-Wallfahrt«, dass sich dort die Wallfahrer aus Ploden sowie aus Sauris Zahre, die schon einen Tag länger unterwegs waren, versammeln und ab da in Prozessionsformation unter ständigem Beten und Singen zusammen bis zur Kapelle in Frohn (1.324 m) gehen, um dort Eucharistie zu feiern. In dieser katholischen Feier kommen die Elemente symbolhaft wieder vor, die mich auf dem Weg begleitet haben. Eucharistie heißt ja Danksagung, Dank für die Heilstaten Jesu, für das Geschenk des Lebens schlechthin. In der Kommunion wird in diesem Verständnis die Gegenwart Gottes im Menschen Jesus nacherlebt, das Gottsein dieses Menschen. Der die Kommunion empfangende Christ soll in das gewandelt werden, was er isst, in den Leib Christi, in Christus selbst, wie es der Apostel Paulus ausdrückt: »... nicht

Dreifaltigkeitskapelle in Frohn

mehr ich lebe, sondern Christus lebt in mir« (Gal 2,20). »Gott will nicht verehrt, er will gelebt werden!«

Es ist ein schöner Platz hier, der der Würde des Menschen, die sich aus diesem Gedanken ergibt, entspricht. Frei steht man da, das Lesachtal liegt einem zu Füßen, der weite Weg durchs Frohntal hinter einem. Die lebendige Kraft des gegenwärtigen Gottes, die einen durchflutet, kann man hier spürbar einatmen: »Gott will gelebt werden!«

Beschwingt lässt es sich jetzt, zunächst über einen Wiesenpfad, hinabgehen Richtung Maria Luggau. Der Kirchturm ist bereits erkennbar. Oben in den Bergen hängen die Wolken, hier unten ist es etwas lichter, klarer. Die Sonne spitzt etwas durch die Wolkenbänke, aber sie hat an diesem Tag nicht die Kraft, völlig durchzukommen. Unabhängig davon ist es hier schön, wirklich schön – weil ich mich in mir selbst schön finde?

Im Wald verschwindet die Kirche von Maria Luggau nochmals für längere Zeit. Die irdische Schwere hat mich wieder eingeholt. Nach dem langen Weg spüre ich doch meine Füße und bin dann froh, als Maria Luggau endlich wieder auftaucht und es bald zur Gail hinabgeht und über die Brücke hinüber ein letztes Mal hinauf. Glockengeläut empfängt mich.

Man muss die Kirche auf einer Straße entlang der Friedhofsmauer umwandern, bis man von Westen her das Kirchengelände erreicht. Es ist ein lieblicher, romantischer Fleck, auf dem die Kirche steht, am Hang des Lesachtals, in sanften Hügelformen, von Wald und Wie-

Kirche Maria Luggau

sen umgeben, harmonisch eingebettet. Ich betrete die Kirche. Wie immer spüre ich ein seltsames, aber nicht unangenehmes Gefühl, eine Art wohliger Beklommenheit und innerer Unruhe. Ein lichterfüllter Raum empfängt mich. Stille ist spürbar, obwohl da Menschen sind, die auf den Beginn des Gottesdienstes, einige auch auf ihre Beichte warten.

Ich verweile ein wenig in Stille vor dem Gnadenbild der »Gottesmutter der Liebe« – einfach nur dankbar.

Ein langer Weg liegt hinter mir, hierher über den Berg. Der gleiche Weg liegt jetzt wieder vor mir, wenn ich zurückgehe, aber ich denke, es wird ein anderer sein. Etwas hat sich gewandelt, ist anders geworden. Das innere Gefühl ist anders geworden. Der wohlige Aspekt der Beklommenheit und Unruhe von vorhin hat sich in der Stille weiterentwickelt zu einem Gefühl der inneren Ruhe und Ausgeglichenheit. Ich erinnere mich wieder an die Worte von Don Valentini da Nicolo, dass der Pilger zumindest mit der hoffnungsgeladenen Gewissheit, getröstet und erhört zu sein, von der Gottesmutter weg den Heimweg antritt.

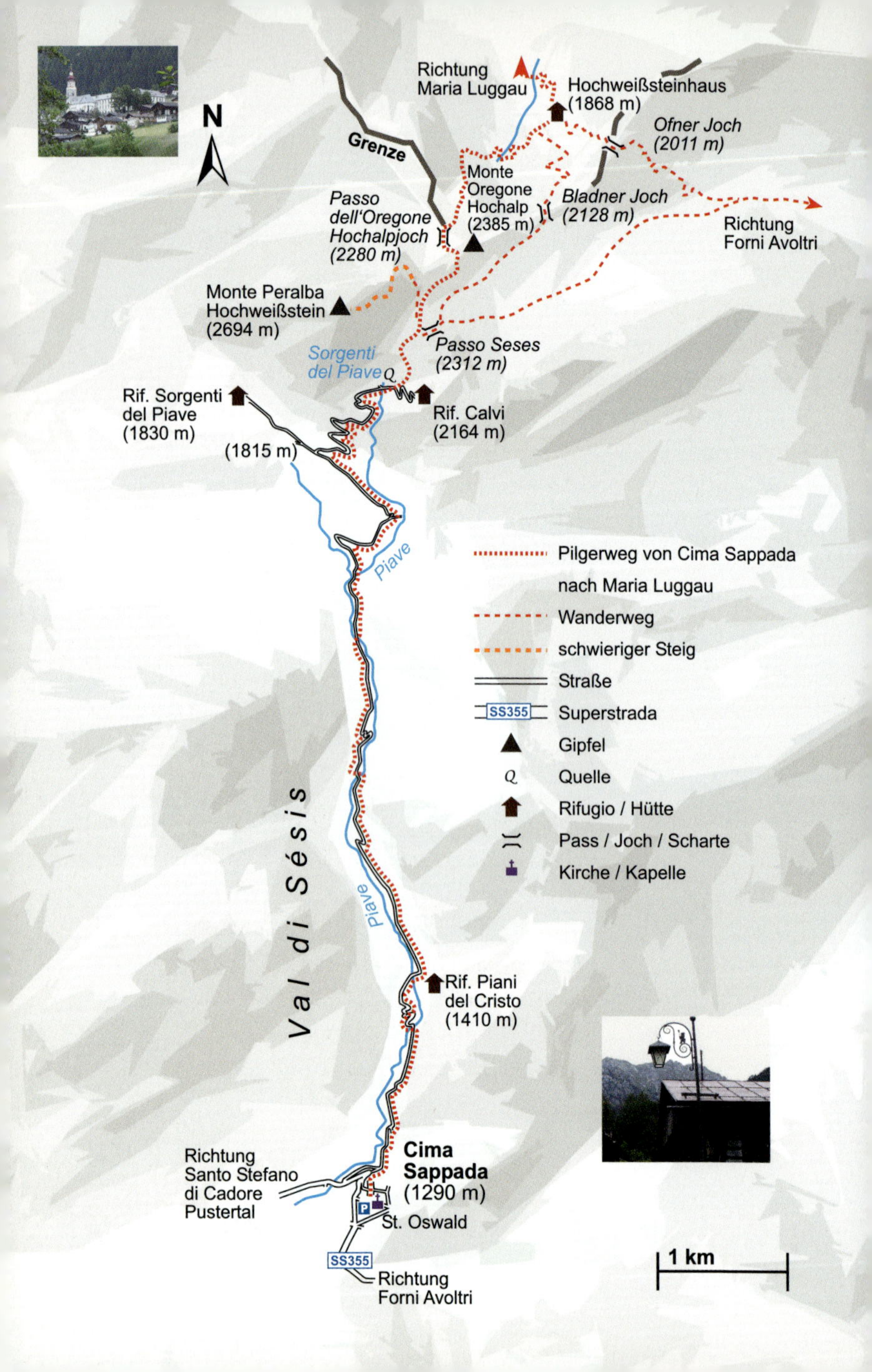

N
Grenze
Richtung
Maria Luggau
Hochweißsteinhaus
(1868 m)
Ofner Joch
(2011 m)
Monte
Oregone
Hochalp
(2385 m)
Bladner Joch
(2128 m)
Richtung
Forni Avoltri
Passo
dell'Oregone
Hochalpjoch
(2280 m)
Monte Peralba
Hochweißstein
(2694 m)
Passo Seses
(2312 m)
Sorgenti
del Piave
Q
Rif. Sorgenti
del Piave
(1830 m)
Rif. Calvi
(2164 m)
(1815 m)
Piave
Pilgerweg von Cima Sappada
nach Maria Luggau
Wanderweg
schwieriger Steig
Straße
SS355
Superstrada
Gipfel
Q
Quelle
Rifugio / Hütte
Pass / Joch / Scharte
Kirche / Kapelle
Val di Sésis
Piave
Rif. Piani
del Cristo
(1410 m)
Cima
Sappada
(1290 m)
Richtung
Santo Stefano
di Cadore
Pustertal
P
St. Oswald
SS355
Richtung
Forni Avoltri
1 km

Ziel	Maria Luggau (1.179 m)
Gebirgsgruppe	Karnische Alpen
Höhenmeter	1.100 m im Aufstieg, 1.200 m im Abstieg
Distanz	ca. 25 km
Gehzeit	7–9 Std. (nur Hinweg)
Beste Jahreszeit	Frühjahr bis Herbst
Schwierigkeiten/ Anforderungen	Konditionell anspruchsvolle Tour; Abstieg vom Hochalpljoch erfordert Trittsicherheit besonders bei Schnee
Einstieg	Cima Sappada (Plodn, Ploden, Bladen) bei Pfarrkirche St. Oswald (1.290 m)
Wegverlauf	Cima Sappada (1.290 m) – Abzweigung (Schild bei 1.815 m) – Rifugio Calvi (2.164 m) – Passo Sesis (2.312 m) – Hochalpljoch (2.280 m) – Hochweißsteinhaus (1.868 m) – Ingridhütte – Frohn (1.324 m) – Sterzen (1.126 m) – Maria Luggau (1.179 m)
Hütten/Übernachtungsmöglichkeiten	Im Ausgangs- und Zielort; Rifugio Sorgenti del Piave; Rifugio Calvi; Hochweißsteinhaus
Anfahrt	Über Brenner oder Felbertauerntunnel ins Pustertal bis Innichen, dann nach Sexten und über San Stefano di Cadore nach Sappada; durch die vielen Ortsteile Sappadas hindurch bis zum Ende nach Cima Sappada (Auffahrt bis Rifugio Sorgenti del Piave ist möglich)

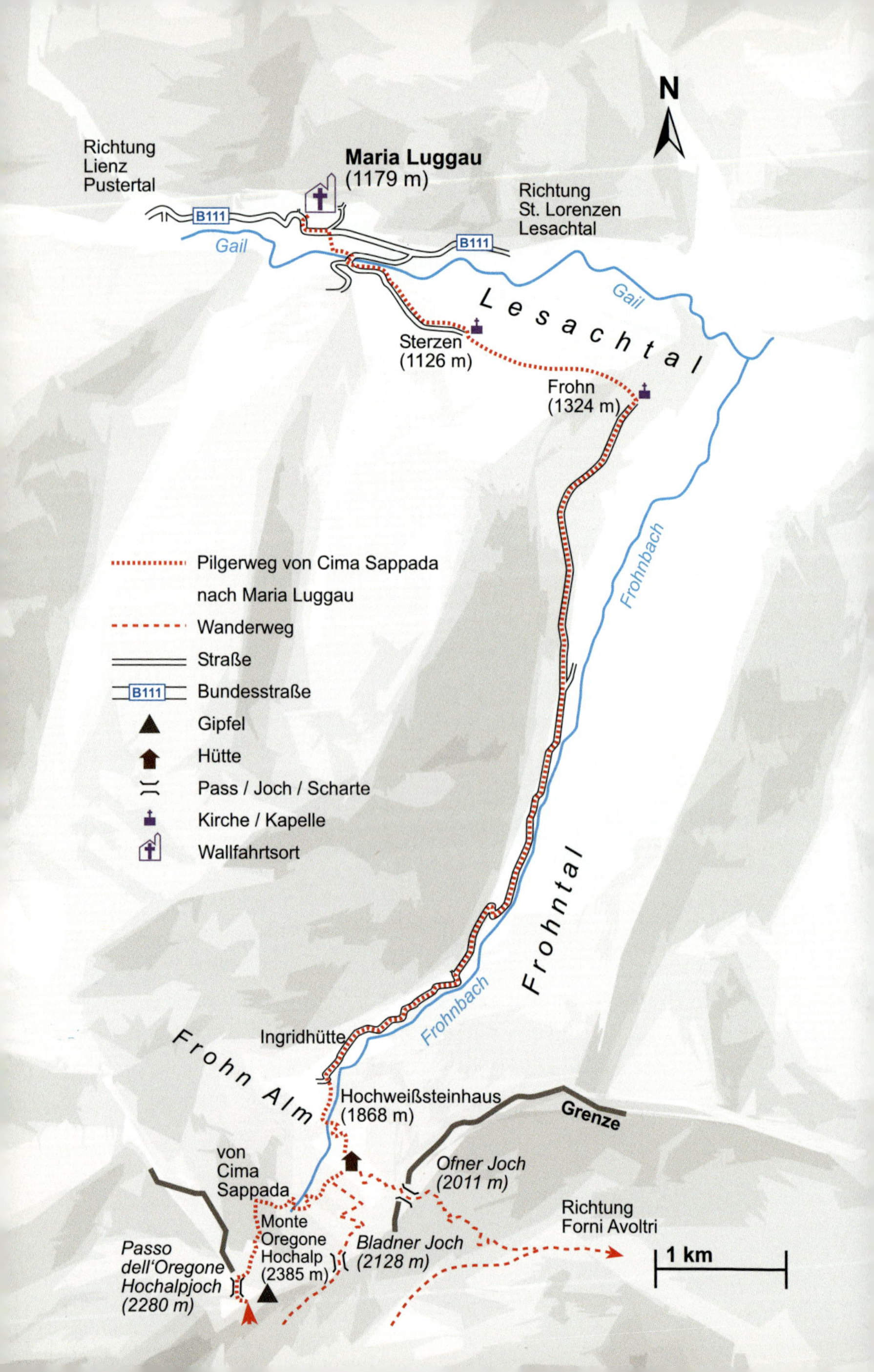
N
Richtung
Lienz
Pustertal
Maria Luggau
(1179 m)
Richtung
St. Lorenzen
Lesachtal
B111
B111
Gail
Gail
Lesachtal
Sterzen
(1126 m)
Frohn
(1324 m)
Frohnbach
Pilgerweg von Cima Sappada
nach Maria Luggau
Wanderweg
Straße
B111
Bundesstraße
Gipfel
Hütte
Pass / Joch / Scharte
Kirche / Kapelle
Wallfahrtsort
Frohntal
Frohnbach
Ingridhütte
Frohn Alm
Hochweißsteinhaus
(1868 m)
Grenze
von
Cima
Sappada
Ofner Joch
(2011 m)
Richtung
Forni Avoltri
Monte
Oregone
Hochalp
(2385 m)
Bladner Joch
(2128 m)
1 km
Passo
dell'Oregone
Hochalpjoch
(2280 m)

Wegvariante	Monte Peralba (Hochweißstein, 2.694 m) über einen Klettersteig; Übergang anstelle des Hochalpljochs auch über Bladner Joch (2.128 m) oder Ofner Joch (2.011 m) möglich
Karten	Tabacco 01, Sappada – S. Stefano – Forni Avoltri, 1:25.000; freytag & berndt, Lienzer Dolomiten – Lesachtal, 1:50.000
Weiterführende Informationen	http://de.wikipedia.org/wiki/Sappada; www.sappada.info/de/sappada.php; www.dolomiti.com/sappada/berg_hutten.htm; www.maria.luggau.at

Der Liebe auf der Spur – *Von Maria Alm nach St. Bartholomä*

Ein klärender Aufschub

Mit über 2.000 Wallfahrern kann die jährliche Wallfahrt nach St. Bartholomä rechnen, die am Riemannhaus mit einem Gottesdienst beginnt. Sie geht auf ein Gelübde der Pinzgauer während der Pestzeit um 1600 zurück und findet an einem Samstag um das Fest des heiligen Bartholomäus am 24. August herum statt. Ich habe mich aber entschieden, meinen Pilgerweg alleine zu gehen, die weite Strecke vom Riemann-Parkplatz (1.160 m) über Riemannhaus (2.177 m), Steinernes Meer und Kärlinger Haus (1.630 m) nach St. Bartholomä (620 m) hinab lieber in Ruhe auf mich wirken zu lassen. Jetzt sitze ich jedoch zunächst mal in Maria Alm fest. Der Abmarsch verzögert sich, weil das Wetter einfach zu schlecht ist. Das gibt mir Gelegenheit, nochmals nachzusinnen, was mich gerade bewegt.

Während ich meine Notizen über den Apostel Bartholomäus durchstöbere, fällt mir die Aufschrift einer Stationstafel auf, die ihm gewidmet ist und die am Weg

St. Bartholomä

hinauf zum Petersberg im Inntal steht: »Seid grenzenlos in der Liebe.« Über den gleichen Mann, der im Johannesevangelium mit dem Namen Natanael genannt wird, soll Jesus bei der ersten Begegnung gesagt haben: »Da kommt ein echter Israelit, ein Mann ohne Falschheit.« (Joh 1,47). Sind es diese Eigenschaften und Antriebskräfte – Liebe und Wahrhaftigkeit –, die jemanden wie Bartholomäus dazu gebracht haben, seinem Glauben nicht abzuschwören, sondern Christus trotz aller Drohungen weiter zu verkündigen und deshalb brutalste Misshandlungen zu ertragen?[4] Die Liebe »erträgt alles, glaubt alles, hofft alles, hält allem stand«, schreibt der Apostel Paulus im ersten Korintherbrief (1 Kor 13,7).

Wie muss eine solche Liebe gestrickt sein, aus welchen Quellen muss sie sich nähren, dass sie sich selbst durch den Anblick des Todes nicht untreu wird, dass der letzte Schritt nicht bloß aus reiner Borniertheit heraus, also zwanghaft gegangen wird, sondern vielmehr frei, voller Glaube und Hoffnung auf ihr Weiterbestehen in einer neuen, vollkommenen Existenzweise?

Seid grenzenlos in der Liebe

Was ist Liebe? »Liebe« ist wohl einer dieser Begriffe, über die man auf die Frage, was sie denn sei, sagen kann – wie Augustinus über die »Zeit« –: »Wenn niemand mich danach fragt, weiß ich's, will ich's aber einem Fragenden erklären, weiß ich's nicht.«[5]

Am nächsten Tag mache ich mich einfach mal auf den Weg. Bald nach dem Riemann-Parkplatz taucht vor mir der markante Zapfen des Sommersteins auf. Links neben ihm wird mich mein Weg durch die Ramseider Scharte zum Riemannhaus führen. Wie ich so den Hang mit meinen Augen absuche, um einen Wegverlauf zu erahnen, kommt mir in den Sinn, dass ich mir diesen auch als Fluss vorstellen könnte, auf dem ich mich fortbewege oder in den ich sogar eintauchen und mich treiben lassen kann – vielleicht sogar als Liebesfluss? Nun gut, es geht zwar bergauf, was mein Bild vom Fluss etwas stört. Welcher Fluss fließt denn schon nach oben? Aber ein Liebesfluss – warum nicht? Solch einer könnte mich ja tatsächlich zu ungeahnten Höhen führen.

Liebe: Es gibt die Liebe in der Partnerschaft und zwischen Freunden. Es gibt die Liebe zu den Kindern und die zu den Eltern. Es wird von allgemeiner Menschenliebe gesprochen und speziell von der zur Philosophie, wobei »Philosophia« vom Begriff her wiederum die Liebe zur Weisheit ist. Da ist die Liebe, sich einer Sache hinzugeben, oder die Liebe zu den Bergen. Der Aspekt der Verschmelzung gehört zum Begriff der Liebe, entweder indem man mit einer Person eins wird oder in einer Sache ganz aufgeht. Zur Liebe gehören Anziehungskraft, Hingezogensein, Hingabe, Hingabebereitschaft, Leidenschaft, Zugehörigkeit, Vertrauen, Verantwortung, Verlässlichkeit und Treue, zueinanderzustehen, auch wenn es mal nicht so optimal in einer Partnerschaft läuft. »Eine ganze Menge ist das, und alles gar nicht so einfach«, denke ich mir.

Wo und wann habe ich in meinem Leben Liebe erfahren? Wann konnte ich sie gut erwidern, wo konnte ich sie nicht erwidern? Welcher Art von Liebe erinnere ich mich gern? Aber auch die diesen Fragen entgegengesetzten sind mindestens genauso wichtig: Wann habe ich keine Liebe erfahren, als ich Sehnsucht hatte? Wann fehlte mir die Zuneigung eines Menschen, als ich sie gerade nötig gehabt hätte? Wo fällt es mir nach Jahren, vielleicht Jahrzehnten erst auf, dass ich da keine Liebe erfahren und spüren durfte, wo ich sie nötig gebraucht hätte, wo ich möglicherweise auch nur einer scheinbaren Liebe aufgesessen bin, die mich eher ausgenutzt hat, weil der angeblich Liebende nur seinen eigenen Egoismus oder Narzissmus genährt hat?

»Seid grenzenlos in der Liebe!« – wie soll das denn gehen, wenn man nur eine vage Ahnung hat von dem, was Liebe überhaupt ist, oder wenn einem schwant, dass es da noch viel mehr geben müsste?

Bei all dem Nachsinnen fällt mir plötzlich auf, dass ich schon ein gutes Stück Weg hinter mich gebracht habe. Ich habe mich meinem Weg überlassen, im Vertrauen,

Blick auf den Alpenhauptkamm

dass er mir schon die richtige Richtung weist. Aus der Forststraße ist inzwischen ein Bergpfad geworden. Mein Blick schweift nach Süden über die mit Schnee bedeckte Zentralalpenkette. Ich erkenne in ihrem östlichen Teil den Großglockner, im Westen den Großvenediger, und das Bild des Liebesflusses, in dem ich mich bewege, ist wieder da. Worte, Sätze bilden sich, die ich mir wie in einer Art Litanei vorspreche:

Ich tauche ein – in den Fluss des Weges den Berg hinauf.
Ich tauche ein – in die Regenwand, die sich vor mir auftut.
Ich tauche ein – in die fallenden Regentropfen, die mich mit Feuchtigkeit benetzen.
Ich tauche ein – in die Nebelwand, die sich vor mir aufwölbt und dampft.
Ich tauche ein – in die mich einhüllende Stille.
Ich tauche ein – in das Fallen des Schnees.
Ich tauche ein – in das stille Weiß des schneebedeckten Pfades.
Ich tauche ein – in die mich umgebende Ruhe.
Ich tauche ein – in die wogenden Wasser des Baches.
Ich tauche ein – in die Fluten alles durchstrahlenden Sonnenlichts.
Ich tauche ein – in die wohlige Gegenwart des geliebten Menschen.
Ich tauche ein – in *seine* alles umfangende Liebe.

So lasse ich mich Schritt für Schritt hineinfallen in diesen Liebesfluss und übergebe mich ihm ganz.

»Seid grenzenlos in der Liebe!« Ich ahne ansatzweise, wie es sich anfühlen könnte, seine eigenen Grenzen aufzugeben und zu überwinden, nicht nur gefangen zu sein in sich selbst, sondern sich auf-zu-machen, sich hinzugeben, einer Sache oder einem Menschen, zu verschmelzen, sich zu verlieren, verletzbar zu werden und doch gleichzeitig oder gerade deshalb ganz bei sich zu sein. Grenzenlosigkeit und Geborgenheit! Eine Höchstform von Sensibilität ist angesprochen, die nur in der Liebe möglich ist, weil sie einen in sich birgt und mit ihrer Kraft dann auch mögliche Verletzungen überwinden hilft.

In der Liebe Gottes

Es geht nun schon eine geraume Zeit bergauf, und ich werde mir der an vielen Stellen dieses Pfades in die senkrechte Wand geschlagenen Stufen bewusst. Das war sicher mit Schwerstarbeit verbunden, den Aufstieg hier herauf begehbar und sicherer zu machen. Nicht ohne Anstrengung bin auch ich unterwegs. Ebenso bedarf es des Muts und der Anstrengung, sich immer wieder in der Liebe aufzumachen und ihr zu vertrauen. Die Aussage des Apostels Paulus kommt mir wieder mal in den Sinn: »In ihm leben wir, bewegen wir uns und sind wir« (Apg 17,28). Ich forme sie um zu einem Gebet:

»In deiner Liebe, guter Gott, lebe ich, bewege ich mich und bin ich! Lass mich immer wieder eintauchen in deine Liebe, mich von ihr durchfluten und ihre heilende und stärkende Kraft spüren!«

Stufen sichern den Weg nach oben →

So komme ich am Riemannhaus (2.177 m) mit der Sehnsucht an, nicht nur in den Liebesfluss des Weges einzutauchen, sondern auf die Liebe Gottes selbst zu-, in sie hineinzugehen und sie zu verspüren. Die Litanei von vorhin kommt mir in den Sinn und ich forme weiter an ihr:

Ich gehe hinein – in die Liebe Gottes!
Ich gehe – in der Liebe Gottes!
Ich gehe auf – in der Liebe Gottes!
Ich atme mich hinein – in die Liebe Gottes!
Ich eratme die Kraft – der Liebe Gottes!
Ich verschmelze – mit der Liebe Gottes!
Ich vergehe – in der Liebe Gottes!
Ich seufze auf – in der Liebe Gottes!
Ich atme auf – in der Liebe Gottes!
Ich liebe – in der Liebe Gottes!
Ich schenke Liebe – in der Liebe Gottes!
Ich gebe Gottes Liebe weiter – in der Liebe Gottes!
Ich lebe auf – in der Liebe Gottes!
Ich lebe – in der Liebe Gottes!

Ich lasse mich fallen in den Liebesfluss Gottes und gehe weiter in seiner Schöpfung, in der die Spuren seiner Liebe gefunden werden wollen.

Das Meer der Liebe

Hinter dem Riemannhaus, am Eingang ins Steinerne Meer, steht eine Heiligenfigur und eine Tafel dabei, auf der auf den Grund der Wallfahrt hingewiesen wird: »Wallfahrt über das Steinerne Meer seit 1600 als Dank für überstandene Pest. Heute verbunden mit der Bitte um Schutz und Bewahrung der Schöpfung«. Und dann breitet es sich vor mir aus, das Steinerne Meer. Ein weites Karstgelände, ein zu Stein gewordenes Meer mit Wellen und Brechern. Man kann sich auftosende Gischt vorstellen, die zu Stein geronnen ist. Für manche mag sie vielleicht trostlos erscheinen, diese Leere, mir jedoch raubt

Das Karstgelände des Steinernen Meers

der Anblick dieser in Fels zusammengeflossenen Lebendigkeit und dieser Weite fast den Atem. Ich glaube zu spüren, was sich aus dem Wort Romano Guardinis in mir Raum schaffen will: »Das ist keine Leere, das ist Stille. Und in der Stille wohnt Gott.«

Ich tauche ein in dieses Meer und gehe den Weg ganz bewusst in der Stille, die mich umgibt, in der *er* wohnt. Links von mir türmen sich Felsen auf, gestaltete und die Landschaft gestaltende Felsenmächte, rechts fällt der Hang ab. Ich komme mir so vor, als würde ich mitten in einer Welle entlanggehen. Wenn ich das Bild weiterspiele, tauche ich in diese Welle ein, tauche ich ein, ja, in *seine* Allgegenwart, in *seine* mich durchdringende Schöpfungsmacht; da dringe ich ein in *seine* doch auch so zerbrechliche Liebe, die so machtlos sein kann gegenüber den Krisen des Lebens, denen wir Menschen einfach ausgesetzt sind.

Und indem ich in diese Stille um mich herum eintauche, spüre ich immer deutlicher die Stille in mir lebendig wogen – ein stilles, leises Gefühl, das sich, in meinem Innersten beginnend, ausbreitet und nach und nach immer weitere Bereiche meines Körpers durchflutet. So wird dieses in sich wogende, aber stille Gebiet des Steinernen Meeres ein Abbild des sich immer weiter entfaltenden Geschehens in mir. Dieses ursprünglich leise Empfinden kann durchaus aufbranden und heftiger, ja leidenschaftlicher werden, aber genauso wieder ausklingen, so wie die gischtende Brandung des Meeres an einem Sandstrand zur Ruhe kommt. Diese Stille ist dynamische Lebendigkeit, ich empfinde sie als schöpferische

Die »Wunderquelle«

Kraft. Nein, ich scheue mich jetzt nicht, in ihr *seine* Liebe zu entdecken und mich von ihr durchdringen zu lassen, wenigstens für diesen Augenblick.

Ich bete: »Durch dich, oh du mein Gott, bin ich. Durch deine Liebe schenkst du mir meine Lebendigkeit und schöpferische Kraft. Durchflute mich mit deiner Liebe! Oh du, lass meine Liebe, die ich schenke, Ausdruck deiner göttlichen Liebe sein, so wie die gesamte Schöpfung deine leidenschaftliche und in Stille wogende Liebe widerspiegelt. Entfache auch in allen, die nicht das Glück der Liebe eines Menschen erfahren konnten, die brennende Sehnsucht nach dir, bis sie Ruhe findet in dir!«

Ich atme tief durch. Ich weiß, dieses Geschenk des Hochgefühls wird auch wieder verblassen und von den lebendigen Felsgestalten nur noch ihre undurchdringbare Härte übrig bleiben.

Auf dem Weiterweg, bald nach dem Passieren des Salzburger Kreuzes (2.135 m), fällt mir der verwaschene Hinweis auf eine »Wunderquelle« auf. Acht bis zehn Meter in Pfeilrichtung, unterhalb eines Eisenpflocks, finde ich ein unscheinbares Wasserbecken. Nichts deutet darauf hin, dass irgendwo Wasser herausquellen würde. Aber es fließt welches ab. Also strömt doch, wenngleich unerkennbar, aus dem Boden Wasser heraus. »So ist es doch auch mit der Liebe!«, schießt es mir durch den Kopf. Sie ist ja auch nicht immer wie das Meer unübersehbar gegenwärtig, sondern oft eher unscheinbar. Und dennoch wird jedes Meer letztendlich gespeist aus einer Vielzahl solcher unscheinbarer Quellen.

Der Zauberwald

Ungefähr eine halbe Stunde später wird die Umgebung wieder grüner, und meine Augen erblicken plötzlich unterhalb von mir Latschenkiefern und erste, vereinzelt dastehende Bäume. Ich blicke hinab auf ein beginnendes Waldgebiet, das Baumgartl. Ich lasse jetzt das Steinerne

Der Zauberwald des Baumgartl

Meer endgültig hinter mir. Auch das Meer der Liebe? Das Grün ist saftig, man hört mehr Vogelgezwitscher. So scheint alles auf den ersten Eindruck hin lebendiger als oben. Aber ist es das tatsächlich?

Dieser lichte Bergwald hat an manchen Stellen schon etwas Zauberhaftes, etwas Märchenhaftes an sich. Hier kann man gut verweilen, denke ich, sich die Sonne warm auf den Buckel brennen und diese Atmosphäre auf sich wirken lassen, das Gefühl genießen, dass Himmel und Erde sich hier berühren. Für mich hat diese Gegend etwas Bacchantisches, die Begriffe »liebestrunken« und »satt« kommen mir in den Sinn. Ist es im Meer der Liebe anders? Nüchterne Realität und Tagträumereien verschwimmen ineinander, das Außen erscheint mir – wie im berauschten Zustand – nur wie durch Watte betäubt in mein Bewusstsein zu gelangen. Ich empfinde dieses Verschmelzen mit der Welt um mich herum jetzt tatsächlich anders als vorhin oben im Meer der Liebe. Irgendwie ist jetzt alles irrealer, traumhafter. Dieses Gefühl, von *seiner* Liebe von innen her durchflutet und zugleich ein lebendiger Teil der gesamten Schöpfung zu sein, wie ich es oben erleben durfte, war demgegenüber klar und eindeutig; ich war mir meiner Sinne und meines Geistes voll bewusst. Was soll diese Empfindung des Märchenhaften jetzt? Will sie mich auffordern, in solchen Situationen genauer hinzuschauen auf das, was ich erlebe, und zu unterscheiden, wo nun Liebes- und Lebensfülle wahrhaftig und wo sie lediglich traumhafter Schein sind?

Etwas irritiert gehe ich weiter durch den Bergwald hinab, festen Tritt und Halt unter mir suchend, bis ein weiter Almgrund sich vor mir ausbreitet, auf dem hinter dem Funtensee das Kärlinger Haus (1.630 m) auftaucht. Traumhaft schön ist es hier, und so manches Murmeltier empfindet wohl ebenso.

Verblassen der Liebe und Ausdauer

Der Weg vom Kärlinger Haus über einen weit gezogenen Sattel, dann hinunter nach St. Bartholomä zieht sich in die Länge. Ungefähr zweieinhalb Stunden muss man schon noch rechnen. Auch wenn der Weg durch die enge, aufgrund der mächtigen Felswände auf beiden Seiten landschaftlich eindrucksvolle sogenannte Saugasse führt, hinter der man in einen wunderschönen Wald eintaucht, möchte ich jetzt doch langsam ankommen. Ausdauer ist nötig, und es hilft nichts: der Weg lässt sich durch keinen Wunsch verkürzen, jeder Schritt muss gegangen werden. Ich denke wieder an das erfüllende Gefühl der Liebe, das ich gerne hätte bewahren wollen, das sich aber in ein trügerisches Traumbild gewandelt hat und jetzt nur mehr als Erinnerung in mir da ist. Nur noch? Ich kann diese Augenblicke erfüllten Lebens nicht erzwingen, aber ich kann ausdauernd dranbleiben, sie zu erwarten, mich auf den Weg zu machen und nicht gleich aufzugeben, wenn sich kein Erfolg einstellt und das Ziel unendlich weit entfernt scheint. Hierbei kann mir die Erinnerung doch eine Hilfe sein.

Plötzlich ist für einen längeren Wegabschnitt das Rauschen eines Flusses da. Das tröstende Bild des Liebesflusses taucht wieder in mir auf und begleitet mich. Warum nicht wenigstens die Füße eintauchen und kühlen? Dann erblicke ich endlich den Königssee. 200 Meter unterhalb schimmert er blass durch das Laub der Bäume. Ein Serpentinenpfad schlängelt sich durch den Wald hinab, der mir immer wieder den Blick auf den See verwehrt. Unten schließlich führt der Weg in Sichtweite des Sees weiter, und ich weiß mich in greifbarer Nähe meines Pilgerziels. Bald trete ich hinaus auf eine große Lichtung und die Kirche St. Bartholomä steht in voller Pracht vor mir.

Die Vielzahl der Touristen steht in krassem Gegensatz zu den vielen innigen Augenblicken der Einsamkeit auf dem Weg. Ich versuche, sie gar nicht zu beachten, sondern gehe schnell auf den Eingang der Kirche zu. Ich trete ein. Der Kirchenraum hat eine schöne Ausstrahlung für mich. Obwohl die Kirche direkt an einen Gasthof angebaut ist und trotz des Touristenrummels draußen, ist es hier drinnen still. Ich bin wieder, wie schon an so vielen anderen Pilgerstätten auf meinen Wegen, überrascht, wie mich in dieser Stille eine innere Erregung packt, das Gefühl, innerlich zu zittern, zu merken, wie mein Herz klopft, ja, die gleichen Empfindungen zu verspüren wie im Verliebtsein. Ich bete: »Du bist es, oh Herr, der mit seiner Liebe sich in meinem Herzen Raum schafft und mich mit ihr durchströmt!«

Ich setze mich hin und betrachte das Altarbild, das Bartholomäus bei seinem Martyrium zeigt. Von der göttlichen Liebe ganz erfüllt, ihr hingegeben und den Blick damit schon ins Jenseits gerichtet, zeigt er keine Anzeichen von Angst und Schmerz. Die heilbringende Liebeskraft *seiner* Gegenwart, nach der ich mich sehne, ist für mich in diesem Augenblick hier abgebildet. Ich habe das Gefühl, ihr wieder einen Schritt näher gekommen zu sein.

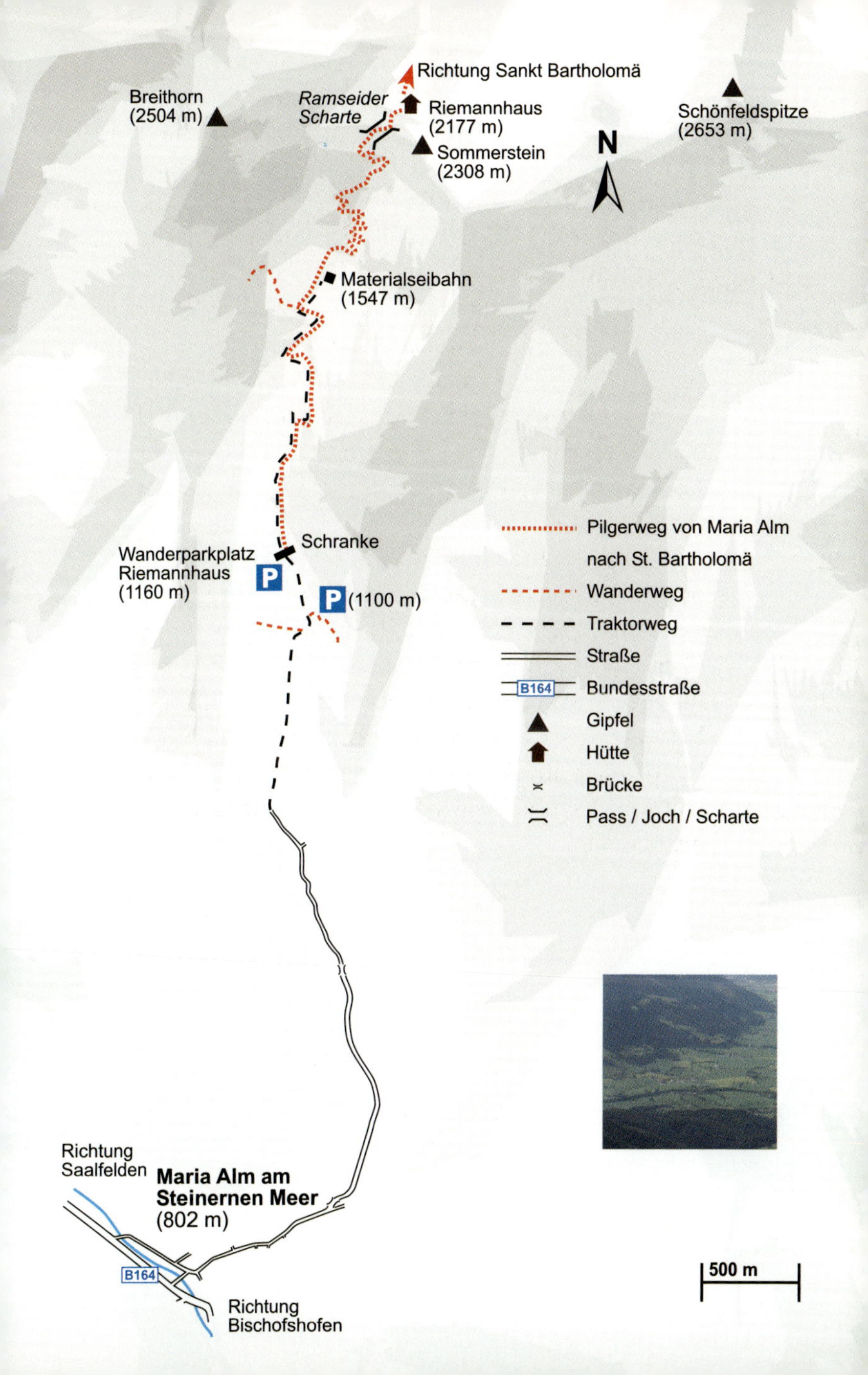

Richtung Sankt Bartholomä
Breithorn (2504 m)
Ramseider Scharte
Riemannhaus (2177 m)
Schönfeldspitze (2653 m)
Sommerstein (2308 m)
N
Materialseibahn (1547 m)
Schranke
Wanderparkplatz Riemannhaus (1160 m)
P
P (1100 m)
Pilgerweg von Maria Alm nach St. Bartholomä
Wanderweg
Traktorweg
Straße
B164 Bundesstraße
Gipfel
Hütte
Brücke
Pass / Joch / Scharte
Richtung Saalfelden
Maria Alm am Steinernen Meer (802 m)
B164
Richtung Bischofshofen
500 m

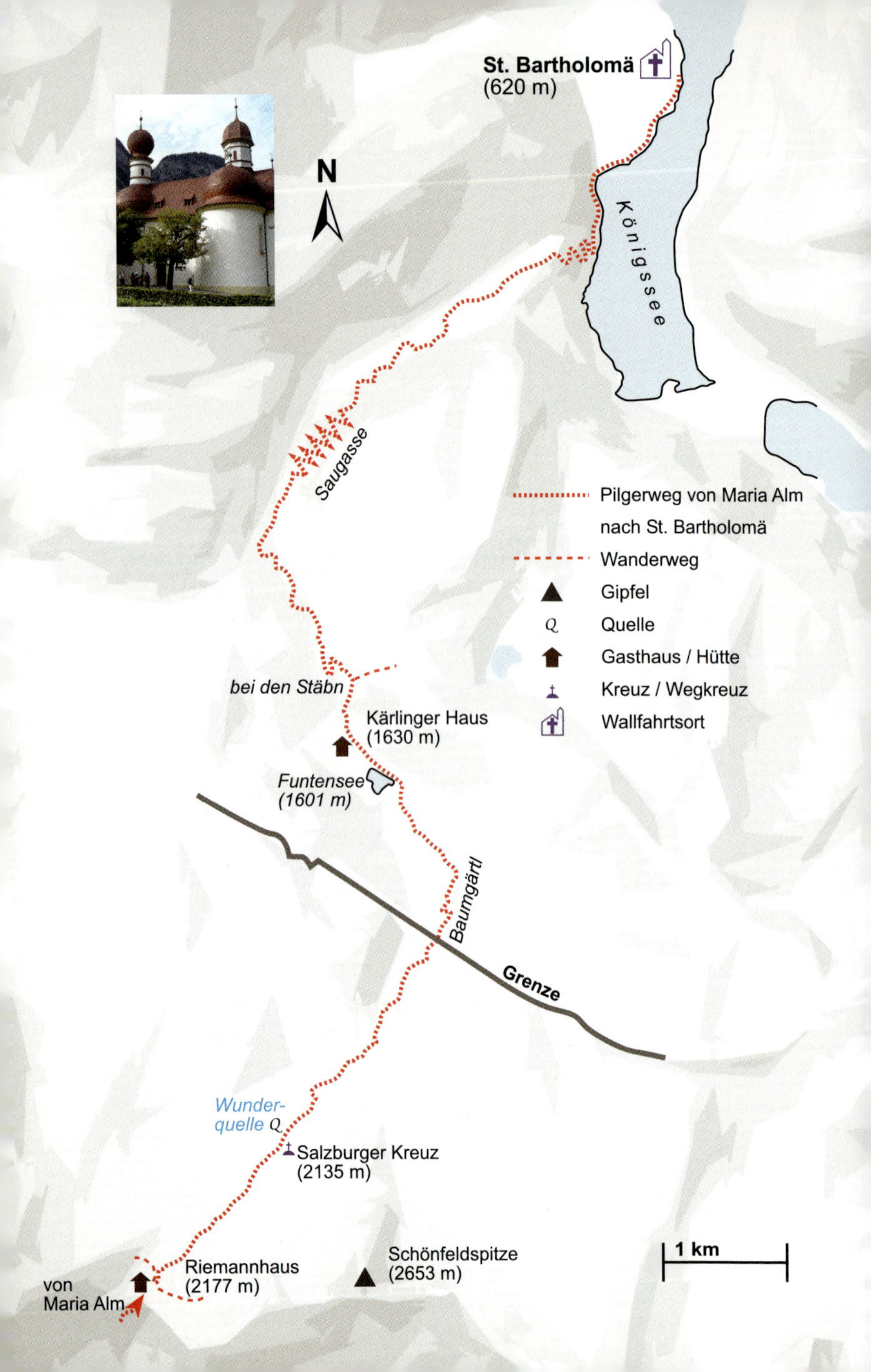
St. Bartholomä
(620 m)
N
Königssee
Saugasse
Pilgerweg von Maria Alm
nach St. Bartholomä
Wanderweg
Gipfel
Quelle
Gasthaus / Hütte
Kreuz / Wegkreuz
Wallfahrtsort
bei den Stäbn
Kärlinger Haus
(1630 m)
Funtensee
(1601 m)
Baumgärtl
Grenze
Wunder-
quelle
Salzburger Kreuz
(2135 m)
1 km
Riemannhaus
(2177 m)
Schönfeldspitze
(2653 m)
von
Maria Alm

Ziel	St. Bartholomä (620 m)
Gebirgsgruppe	Steinernes Meer
Höhenmeter	ca. 1.100 m im Aufstieg und ca. 1.600 m im Abstieg
Distanz	ca. 20 km
Gehzeit	7–9 Std.
Beste Jahreszeit	Frühjahr bis Herbst
Schwierigkeiten/ Anforderungen	Konditionell anspruchsvolle Tour; Aufstieg zum Riemannhaus erfordert Trittsicherheit
Einstieg	Parkplatz Riemannhaus (1.160 m) über Maria Alm
Wegverlauf	Riemann-Parkplatz (1.160 m) – Riemannhaus (2.177 m) – Steinernes Meer – Kärlinger Haus (1.630 m) – Saugasse – St. Bartholomä (620 m)
Hütten/Übernachtungsmöglichkeiten	In Maria Alm, Riemannhaus, Kärlinger Haus, Schönau am Königssee
Wichtig	In St. Barholomä gibt es keine Übernachtungsmöglichkeit und das letzte Schiff legt um 18.30 Uhr ab!
Anfahrt	Mit PKW die A 8 Richtung Salzburg bis Siegsdorf – Lofer – Saalfelden nach Maria Alm oder von Salzburg die Tauernautobahn bis Bischofshofen – Mühlbach – Dienten – Maria Alm; per Bahn bis Saalfelden und weiter mit Bus- oder Taxitransfer bis Maria

	Alm; mit Taxi auch die Möglichkeit, zum Riemann-Parkplatz zu gelangen
Wegvariante	Bei Übernachtung auf einer Hütte sind verschiedene Gipfeltouren möglich
Karten	Alpenvereinskarte Steinernes Meer. Wegmarkierung und Skirouten, 10/1, 1:25 000
Weiterführende Informationen	www.maria-alm.info; www.koenigssee.com

Zwischen Macht und Angst –

Der Weg auf den Peterberg

Der Fels

Noch bevor ich bei der Ausfahrt »Brannenburg« die Inntalautobahn verlasse, um nach Flintsbach am Inn, dem Ausgangsort meines Pilgerweges zu gelangen, entdecke ich schon mein Ziel. Vom Inntaldreieck kommend, sehe ich halbrechts vor mir die Wallfahrtskirche zum hl. Petrus

Der Petersberg aus dem Inntal gesehen

fast 400 m über dem Inntal auf dem »Kleinen Madron« bzw. Petersberg thronen.

Man kann sich gut vorstellen, dass dieser Berg schon früh besiedelt wurde. Bei Grabungen des »Instituts für Vor- und Frühgeschichte und Provinzialrömische Archäologie« der Ludwig-Maximilians-Universität München ab 1997 wurde dementsprechend auch verzierte Keramik gefunden, die auf Besiedelung ab der Bronze- und Urnenfelderzeit (ca. 1800–750 v.Chr.) hinweist. Darauf dass sich dort auch schon in vorchristlicher Zeit Kultstätten befunden haben, deuten Sagen hin, wie die über das »Teufelsloch am Petersberg«, oder der Widder- und der Bärenkopf als Basis für das Hauptportal der Kirche sowie Erzählungen über den »Heidenstein« an der Ostwand der Kirche.[6] Es wird angenommen, dass ein dem germanischen Gott Donar geweihtes Heiligtum durch die Peterskirche ersetzt und damit dem Siegeszug des Christentums gegen die »alten Götter« ein Zeichen gesetzt worden ist.[7]

Die Macht des Gottes Donar spürten die Germanen im Donner. Und wie mächtig und Furcht einflößend ein Gewitter sein kann, das weiß jeder, der in den Bergen schon einmal in eines hineingeraten ist. Da brauchten die christlichen Missionare schon ein entsprechend gewaltiges Gegenüber, damit die Menschen überzeugt werden konnten, nicht mehr Donar als ihrem mächtigen Schutzgott zu opfern, sondern ihren Blick auf den Gott Jesu Christi zu richten. Und dieses Gegenüber fanden sie in dem, zu dem Jesus nach Mt 16,18 f. gesagt hat: »Du bist

Petrus, und auf diesen Felsen werde ich meine Kirche bauen, und die Mächte der Unterwelt werden sie nicht überwältigen. Ich werde dir die Schlüssel des Himmelreichs geben; was du auf Erden binden wirst, das wird auch im Himmel gebunden sein, und was du auf Erden lösen wirst, das wird auch im Himmel gelöst sein.«

Dieses Wort des Evangelisten steht mir nun sinnbildlich, in die Natur eingeschrieben vor Augen: dieser Fels, auf dem das Kirchlein steht. Diesen »Petra« (Fels) möchte ich heute besteigen. Ist es Zufall, dass gerade Pfingsten ist, das Fest der Wirkmacht des Heiligen Geistes, durch die sich Gott selbst uns heute, in Kirche und Welt mitteilt? Das Pfingstereignis (Apg 2) wird ja zudem als Geburtsstunde der Kirche angesehen und als Wendepunkt für Simon Petrus, der ab diesem Zeitpunkt über sich hinauswächst, endlich seine Bestimmung annimmt und eine führende Rolle, die sogenannte »›Petrus‹-Funktion des Simon«[8], in dieser jetzt entstehenden Urkirche einnimmt.

Begriffe wie »Fels«, »Mächtigkeit«, »Macht«, »Vollmacht«, »Wirkmacht des Geistes«, »Allmacht Gottes«, »Macht der Kirche« drängen sich mir auf. In welchem Verhältnis steht das zur Botschaft von der Liebe, ja Feindesliebe, und von der Barmherzigkeit Gottes im Christentum?

Zwischen Wirkmacht des Lebens und Vergänglichkeit

Am Wanderparkplatz bei Flintsbach beginnt der Pilgerweg. Hinter einem Kruzifix liegt relativ steil ansteigend der Forstweg vor mir. Das »Kruzifix« – nicht gerade der Inbegriff von Allmacht, eher von Verzweiflung und Tod! Gleichzeitig begegnet jetzt im Frühling vehement der Aufbruch neuen Lebens in den saftigen Wiesen des Inntals, eine herrliche Blumenpracht von gelb und lila, rosa und weiß, wunderschön! Lautes Vogelgezwitscher begleitet mich auf dem Weg in den Wald hinein.

Strophen des nach dem Sonnengesang des hl. Franziskus von Assisi komponierten Liedes »Laudato si, o mio Signore« kommen mir in den Sinn:

»Sei gepriesen für deine hohen Berge!
Sei gepriesen für Fels und Wald und Täler!
Sei gepriesen für deiner Bäume Schatten!
Sei gepriesen, denn du bist wunderbar, Herr!«

»Sei gepriesen, du lässt die Vögel kreisen!
Sei gepriesen, wenn sie am Morgen singen!
Sei gepriesen für alle deine Tiere!
Sei gepriesen, denn du bist wunderbar, Herr!«[9]

Das Kruzifix, Bild der Vergänglichkeit, aber auch Symbol des Sieges →

»Der Mensch ist geschaffen dazu hin, Gott Unseren Herrn zu loben, Ihm Ehrfurcht zu erweisen und zu dienen …«[10] – schreibt Ignatius von Loyola in seinen »Geistlichen Übungen«. Wenn darin der zentrale Sinn menschlichen Lebens besteht …? Das klingt einfach und entlastend. Ich versuche, in den Lobpreis einzustimmen. Es mag (noch?) nicht so richtig gelingen.

Burgruine Falkenstein

Inzwischen taucht die Burgruine von Falkenstein auf, ein weiteres Zeichen irdischer und zugleich vergänglicher Macht. In das Wechselspiel von Natur und Zivilisation, Schöpfung und menschlicher Gestaltungs- und Zerstörungsmacht werde ich im Weiterweg mit hineingenommen. Das Rauschen des Verkehrs drängt sich plötzlich wieder lauter auf, als ich den Wald kurz verlasse und gleichzeitig der Blick ins Tal frei wird. Bald wird dieses Rauschen aus dem Tal herauf aber vom sanften Plätschern eines Bächleins übertönt. An der Kapelle »Maria Schnee am Wegesrand« lese ich: »Auf dem Weg von Flintsbach nach Falkenstein zum Petersberg standen drei Kapellen. Diese sind der Säkularisation zum Opfer gefallen und im Jahre 1804 zerstört worden. Damals sollte auch die Kirche auf dem Petersberg abgerissen werden.«

Lautstark meldet sich immer wieder menschliches Handeln heute und aus der Vergangenheit, um von der Vergänglichkeit zu berichten. Auch kirchliche, von Menschenhand erbaute Gebäude unterliegen der Vernichtung. Auch der Fels, auf dem die Kirche gebaut ist?

Wie hinfällig sind von Menschen gemachte Werke und Machtinsignien? Die Geschichte geht über sie hinweg. Was bleibt? Worin besteht wahre Macht?

Mich überrascht plötzlich die Tatsache, dass auf diesem Weg zu einem Petrusheiligtum eine Marienkapelle steht mit der Bittaufschrift: »Lass uns hier auf Maria als Zeichen der Hoffnung schauen und auf dem Weg unserer Pilgerschaft bleiben« – Maria, das Sinnbild des Sanftmütigen, der Liebe, gegenüber dem so machtvoll dargestellten Petrus?

Von äußerer Unruhe zu innerer Stille

Ich treffe auf eine Tafel, auf der der hl. Johannes von Nepomuk um Hilfe gebeten wird, um Hilfe zur Verschwiegenheit. König Wenzel hatte ihn ja wegen seiner Weigerung, das Beichtgeheimnis zu verletzen, in der Moldau ertränken lassen. Nepomuk, wieder ein Opfer der Macht! Aber was hat ihn widerstehen lassen, aus welcher inneren Kraft und Macht hat er gelebt? Meine Assoziation führt mich von »Verschwiegenheit« zu »Schweigen« und von da zu »Stille«. Mir fällt dazu ein wunderschöner Text von Anselm Grün ein, in dem er über das Ziel des geistlichen Weges, über das Gebet und den Ort der Stille schreibt:

»Im Gebet schaut der Mensch sein eigenes Licht,
ja er wird seiner eigenen Natur gewahr, die ganz Licht,
die teilhaft am Lichte Gottes ist. In diesem Ort Gottes,
am Ort des Friedens im Innern der Seele, ist es ganz still,
da wohnt Gott allein. Und dort ist alles heil.
Dort schließen sich in der Liebe Gottes alle Wunden,
die uns das Leben geschlagen hat. Dort weichen alle
Gedanken an die Menschen, die uns verletzt haben.
Dort haben unsere Leidenschaften keinen Zutritt,
dort können uns auch die Menschen mit ihren Erwartungen
nicht erreichen. Dort werden wir eins mit Gott.
Dort tauchen wir ein in sein Licht, in seinen Frieden,
in seine Liebe. Das ist das Ziel des geistlichen Weges.«[11]

Ist es dieses Sein in seinem Innersten, am Ort der Stille, dort, wo alles ganz heil ist, wo Nepomuk war und wo seine Begegnung mit Gott ihm die Kraft und Macht gegeben hat, dem Zwang des Königs bis zum Tod zu widerstehen? Das heißt wohl »aus der Stille heraus leben«: ganz durchflutet zu sein von dieser Stille, in der Gott wohnt, sodass aller äußerer »Lärm« sein- und losgelassen werden kann. »Dort ist alles ganz heil!«

Ein wenig kann ich mich einschwingen in diese Stille, als ein paar Meter weiter das gleichförmige Rauschen eines kleinen Wasserfalls und das Plätschern des dahinfließenden Bächleins mich gleichsam durchströmt. All die Umweltgeräusche verlieren jetzt ihre Aufdringlichkeit und werden hineingenommen in eine tiefe Stille.

Ich fühle mich unabhängig in diesem Augenblick. Ist damit das Gefühl der Macht – »Keiner kann mir etwas anhaben!« – verbunden? Nein, Liebe ist es, die im Innersten still ist und alles durchflutet, durchdringt, wohlig, weich, warm, schützend.

In dieser inneren Stille will ich meinen Weg weiter verfolgen.

Änderung des Blickwinkels

Ich überhole eine Familie mit zwei kleinen Kindern. Wie werden wohl die Eltern ihre Kinder den Berg hinaufbringen? Helfen hier machtvolle Worte, machtvolles Antreiben? Vielleicht sogar Drohungen? Ich überlege, wann ich Druck auf meine Kinder auszuüben versuchte. Es waren eigentlich oft Situationen, in denen ich mich hilflos und schwach fühlte aufgrund ihres Widerstandes, wo mir die Argumente ausgingen, richtige Argumente nicht angenommen worden sind oder ich einfach keine Kraft und Geduld mehr hatte, noch einmal irgendein leidiges Thema durchzusprechen. Dieser Vater hier versucht, Abwechslung zu finden, Wege abzuschneiden, dann wieder nachgiebig zu sein und sein Kind zu tragen.

Das Teufelsloch am Wegesrand – in der Enge gefangen, auf eine Richtung festgelegt

Wie erzieht man richtig? Es wird wohl ein Wechselspiel sein zwischen Klarheit, Konsequenz und Nachgiebigkeit, ein Hin und Her, in der Hoffnung, das Richtige zu tun. Immer wieder scheitert man auch, weil man seiner eigenen Unbeherrschtheit nicht Herr wird. Wenn einen dabei nur immer diese innere Stille durchströmen würde, die den Blick öffnet, die Gedanken ordnet, durchschnaufen lässt und die inneren Anspannungen auflöst ...!

Blick zum verborgenen Gipfelkreuz

Mit dem Gefühl, dass sich zumindest im Augenblick diese Stille in mir breitmacht und meine inneren Verkrampfungen entspannt, folge ich dem Weg weiter, der bald nach dem Zubringer von Brannenburg herauf eine scharfe Linkskurve macht. Hier beginnt der 14-Stationen-Weg mit der ersten Bronzetafel des Rosenheimer Bildhauers Josef Hamberger: »Wir verkünden euch Christus den Gekreuzigten«. Von Pfarrer Josef Rosenegger gibt es zu den 14 Stationen jeweils kurze Gebete und Betrachtungen, die sehr beachtens- und lesenswert sind.[12]

Ich bleibe bei der dritten Station, bei Judas, hängen. »Widersteht der Versuchung« ist der Titel. Worin bestand seine Versuchung? Hatte Judas die Überzeugung, dass er das Richtige tut, wenn er Jesus verrät, weil dieser inzwischen eine zu große Gefahr für die Gruppe darstellte? Oder wollte er Jesus herausfordern, endlich seine Macht, die Macht des Messias, unter Beweis zu stellen und Gottes Reich in dieser Welt zu errichten? Was sollte daran falsch sein, alles für das Richtige und Gute in die Waagschale zu werfen und damit diese unerträgliche Anspannung durch Unsicherheit und Angst aufzulösen? Jemand, der sich einer Wahrheit sicher ist, wird schnell zum gewaltbereiten Fanatiker.

Die Wahrheit des Kreuzes ist nicht unmittelbar und leicht zu erkennen, denke ich mir, als ich nach Verlassen des Waldes das Kreuz auf dem Bergrücken hinter den Bäumen nicht gleich auf den ersten Blick entdecke.

Hier ist die Station von Jakobus dem Jüngeren, »Tragt in euch die Hoffnung«. Es lohnt sich, den Weg nach rechts hinauf ein paar Schritte zu verlassen, was vielleicht jetzt, so kurz vor dem Ziel, nicht mehr so ganz einfach ist. Aber gerade dann, wenn man meint, alles steht einem klar vor Augen, ist es wichtig, noch einmal innezuhalten, sich das Ziel und den Weg dorthin vor Augen zu führen. Zu schnell läuft man Gefahr, sich vom Ziel treiben zu lassen und das Hier und Jetzt zu verlieren. Und immerhin ist es in diesem Hier und Jetzt, wo einem die Ewigkeit aufblitzen kann, nicht aufdringlich oder gar gewaltig, sondern still.

Das Fundament

Die letzte Tafel, die sich östlich der Kirche befindet, zeigt Petrus und Paulus: »Ihr steht auf dem Fundament der Apostel«, kann man darauf lesen. Angesprochen ist jeder Gläubige als lebendiger Baustein der Kirche, angesprochen sind die Amtsnachfolger des Petrus. Wie ist das Fundament gestaltet, auf dem wir stehen?

Wegtafel mit Petrus und Paulus →

Ostansicht der Kirche auf dem Petersberg

Ich trete ein in den Kirchenraum. Auf dem Hochaltar thront Petrus als Papst, bekleidet mit der dreifachen Tiara, Krone und dem Schlüssel. Im rechten Seitenaltar finde ich ein Gemälde, das die Szene aus dem Matthäusevangelium zeigt, in der von Petrus erzählt wird, wie er voller Mut dem auf dem See wandelnden Jesus entgegengeht, im heftigen Wind aber Angst bekommt und unterzugehen droht. Jesus rettet ihn und nennt ihn einen »Kleingläubigen«, der zweifelt (Mt 14,22–33).

Der mächtige und der angstvolle Petrus als Fundament der Kirche. In dieser Spannung lebt wohl die Kirche, ebenso wie jeder einzelne ihrer lebendigen Bausteine, ganz gleich, an welcher Stelle er in ihr hineingestellt ist. Aus Angst werden wir eng und die »Macht« zeigt ihr hartes, drohendes und leider auch oft zerstörerisches Angesicht. Im liebevollen Blick Jesu aber, der uns Vertrauen und Glauben schenkt, können wir aufatmen und uns selbst und anderen barmherzig begegnen und damit der Lebensfreude den nötigen Raum eröffnen.

Obwohl die Stimmen aus dem Biergarten in den Kirchenraum hereindrängen, lebt diese innere Stille in mir nochmals auf und erfüllt mich. Sie ist einfach da. Ich erlebe sie als Geschenk desjenigen, der sich uns mit seinem Namen offenbart hat: »Ich bin der Ich-bin-da« (Ex 3,14). Und ich spüre dieses *Ich bin da*, Gott! Das Draußen ist weit weg, das Innere ganz präsent.

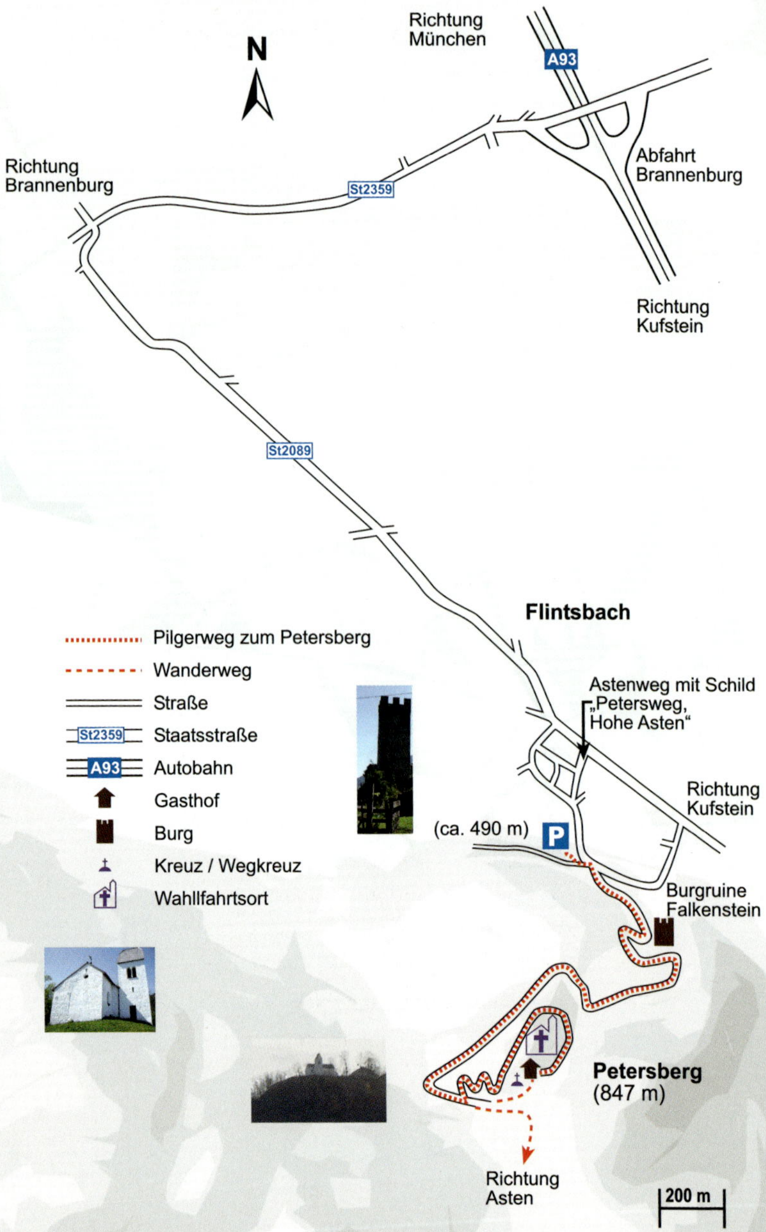
N
Richtung
München
A93
Richtung
Brannenburg
St2359
Abfahrt
Brannenburg
Richtung
Kufstein
St2089
Flintsbach
Pilgerweg zum Petersberg
Wanderweg
Straße
St2359
Staatsstraße
A93
Autobahn
Gasthof
Burg
Kreuz / Wegkreuz
Wahllfahrtsort
Astenweg mit Schild
„Petersweg,
Hohe Asten“
Richtung
Kufstein
(ca. 490 m)
P
Burgruine
Falkenstein
Petersberg
(847 m)
Richtung
Asten
200 m

Ziel	Wallfahrtskirche Petersberg (847 m)
Gebirgsgruppe	Mangfallgebirge
Höhenmeter	ca. 360 m
Distanz	2 km
Gehzeit	1–1,5 Std.
Beste Jahreszeit	Ganzjährig möglich
Schwierigkeiten/ Anforderungen	Leichte, kurze Bergwanderung
Einstieg	Wanderparkplatz in Flintsbach
Wegverlauf	Wanderparkplatz (ca. 490 m) – Petersberg (847 m)
Hütten/ Übernachtungs-möglichkeiten	Im Ort
Anfahrt	A8 München-Salzburg bis Inntaldreieck A93 Richtung Innsbruck – Ausfahrt Brannenburg – links Richtung Brannenburg – an Ampel links Richtung Kufstein und Flintsbach – nach Ortsmitte von Flintsbach rechts in den Astenweg, dem Schild »Petersberg, Hohe Asten« folgend zum Wanderparkplatz
Wegvariante	Man geht im oberen Teil nicht die Abzweigung scharf links (Wegweiser), sondern noch ein paar Meter weiter Richtung Asten und zweigt dann links ab, um direkt von Süden einen Steig mit teilweiser Seilversicherung aufzusteigen. Dieser Aufstieg ist interessanter, man umgeht aber die Stationstafeln der Apostel.

Karten	Bayerisches Landesvermessungsamt: Mangfallgebirge. Tegernsee-Schliersee. Rosenheim. 1:50000; Kompass Wanderkarte: Tegernsee. Schliersee. 1:50000
Weiterführende Informationen	Pfarrei St. Martin, Flintsbach a. Inn (E-Mail: St-Martin.Flintsbach@erzbistum-muenchen.de; Tel.: 08034-644); http://de.wikipedia.org/wiki/Petersberg, dann unter »Berge« »Petersberg (Flintsbach)« anklicken; http://rosenheimer-land.bayern-online.de/die-region/staedte-und-gemeinden/flintsbach-am-inn/

Stille und Weite der Bergwelt in mir – *Der Weg nach Heilig Kreuz*

Die Zwiespältigkeit des Ziels

Mächtig und erhaben ragt das Felsmassiv des Heiligkreuzkofels vor mir in die Höhe. Mir raubt es fast den Atem bei diesem Anblick. Direkt unterhalb des Gipfels, hinter den Baumwipfeln muss das Ziel des heutigen Pilgerweges liegen: das aus dem 17. Jahrhundert stammende »Gnadenbild des kreuztragenden Heilands« in der Wallfahrtskirche zum Heiligen Kreuz.[13] In mir – ist es mein Bergsteigerherz? – spüre ich aber schon, dass es mich sicher noch weiter drängen wird, da ganz hinauf. Mein Pilgerweg, denke ich, wird nicht bei der Wallfahrtskirche seinen Abschluss finden, sondern erst auf dem Gipfel des Heiligkreuzkofels.

Ich stehe auf dem Parkplatz gegenüber der »Biblioteca« in St. Leonhard im Gadertal über Abtei bzw. Badia, wie der Ort im Ladinischen genannt wird. »Mächtige Erhabenheit« vor meinen Augen einerseits und andererseits der »kreuztragende Heiland«, eigentlich ein Bild der Hilflosigkeit und Ohnmacht des Gottessohnes als Intention des Pilgerweges – zwei Motive, die

Das Heiligkreuzkofelmassiv

sich mir da aufdrängen, sich scheinbar widersprechen, die beide aber trotzdem Verweise auf den einen Gott Jesu Christi sind ... Ich atme erst einmal tief durch und stelle diesen vordergründigen Zwiespalt zurück. Mal schauen, was sich mir später auf dem Weg eröffnen wird.

Zunächst wende ich mich zur nahe gelegenen Pfarrkirche zu den Heiligen Leonhard und Jakobus und trete ein in einen helllichten, mit Gemälden, Figuren und üppigen Goldfragmenten barock ausgestalteten Kirchenraum. Das riesige Altarbild, das die unbefleckte Maria stehend auf einer Erdkugel zeigt, fesselt meinen Blick. Und einer Stille werde ich mir bewusst, die mich zart erfüllt, mit einer Sanftheit, wie sie in vielen Texten Maria zugedichtet wird und wie sie sich auf vielen Marienbildern auf ihrem Gesicht widerspiegelt. Ein Spruch kommt mir in den Sinn: »Geh so, als würdest du mit deinen Füßen die Erde küssen« – eigentlich kein schlechtes Motto für den kommenden Weg.

Aufbruch in unruhiger »Stille«

Es wird Zeit, aufzubrechen! Mit dem Gefühl der Stille in mir trete ich aus der Kirche und gehe zur hinteren Kirchenmauer, wo der »Pilgerweg« Nr. 7 beginnt und ein Schild den Weg weist. Das Heiligkreuzkofelmassiv steht in seiner ganzen Breite da, und trotz der warmen goldbraunen, nur durch einige graue Gesteinsmassen durchbrochenen Farbtöne der Felswand erscheint der Berg unnahbar. Die Stille aus dem Raum der Kirche klingt in mir nach, wird aber angesichts dieser Unnahbarkeit eher zu einer dröhnenden Stille, die mich innerlich unruhig macht.

In der anonymen, von christlicher Mystik geprägten Schrift aus dem England des 14. Jahrhunderts, »Die Wolke des Nichtwissens«, lese ich:

»Gott selbst kann kein Mensch gedanklich erfassen. Und daher will ich alles, was ich denken kann, hinter mir lassen und zum Gegenstand meiner Liebe das erwählen, das nicht gedacht werden kann. Denn Gott kann wohl geliebt, aber nicht gedacht werden (...) Und wenn es darum auch zuweilen gut ist, an die Güte und Erhabenheit Gottes im Besonderen zu denken und wenn das auch den Geist erleuchtet und einen Teil der mystischen Kontemplation bildet, müssen doch solche Gedanken bei diesem Werk[14] abgeworfen und mit einer Wolke des Vergessens bedeckt werden. Sodann musst du mit festem, freudigem Schritt über sie emporsteigen und mit einer innigen und süßen Liebesregung versuchen, das Dunkel, das über dir ist, zu durchdringen.«[15]

Was wird mir auf dem Weg, auf dem ich »mit festem, freudigen Schritt (...) emporsteigen« möchte, begegnen oder sich mir innerlich auftun, das ich dann hinter mir lassen muss, um in einer Liebesregung dem Unnahbaren näher zu kommen? Was hält vielleicht auch der »kreuztragende Heiland« an Fragen und an Heil für mich bereit?

Ich beginne meinen Weg auf der vor mir liegenden Teerstraße und lasse schnell die letzten Häuser des Ortes St. Leonhard hinter mir, aber mit ihnen nicht die Zivilisation. Mit einem monotonen Rattern begleitet sie mich weiter in Gestalt eines Sesselliftes, der das Gebiet unterhalb von Heilig Kreuz erschließt.

Aus dem Tritt gekommen: Kehrtwendungen des Lebens

In weiten Kehren führt die Teerstraße bergan. Kehren – Kehren in meinem Leben? Und schon erblicke ich in einer Kehre ein Kruzifix: Gott als mein Wegbegleiter, der Gekreuzigte als mein Wegbegleiter?

Wie viele Menschen haben wohl schon auf dieser Teerstraße ihren persönlichen Pilgerweg begonnen? Welche Lasten haben sie in ihrer Seele getragen und sich vom Anblick des kreuztragenden Heilands Erleichterung, eine Kehrtwendung für ihr Leben erhofft? Wie viele Tränen durften sie an der Schulter eines sie annehmenden Menschen weinen, konnten zumindest kurzzeitig erleichtert aufstehen und mit neuem Mut die nächsten Lebensschritte gehen? Wie viele Tränen wurden aber auch nicht geweint, wurden geschluckt und führten beinahe zum Ersticken? Wann kommt das erlösende Wort, das von Tränen befreit? Was gibt Halt und Sicherheit?

Mein Kreuz tragen, wohin? Ich sehe kein Ziel! Das Kreuz, warum ist es da? Warum muss ich es tragen? Das hat doch keinen Sinn, was soll das? Was will *er* mir damit zeigen? Was soll ich verstehen? Wohin will er mich führen? Will *er* mich überhaupt irgendwohin führen?

Das Rattern des Sessellifts reißt mich aus meinem Nachsinnen. Ein Schotterweg zweigt von der Straße ab, und bald geht es direkter über einen Wiesentrampelpfad stetig bergauf. Eingelassene Steinplatten und ein Holzgeländer weisen den Weg. Die Platten verhindern sicher, dass Schlamm und Morast den Weg unpassierbar, schwer machen, bringen mich aber aus meinem gleichmäßigen Tritt.

Das Geländer gibt Halt, aber die Steinplatten bringen aus dem Tritt

»Was will *er* mir damit zeigen?« »Warum Kreuz?« – diese Fragen von vorhin kommen mir wieder in den Sinn. Kommt es daher, dass ich aus meinem gleichmäßigen Tritt geraten bin? Schicksalsschläge, Trostlosigkeit und Feindseligkeiten reißen mich ebenso heraus aus meinen Alltäglichkeiten, aus der Gleichförmigkeit meiner Gewohnheiten. Soll mir damit gezeigt werden, dass es nicht so weitergehen kann wie bisher, dass ein Lebensabschnitt auf seinen Abschluss hindrängt, um den Raum für Perspektiven eines Neubeginns zu eröffnen? Ich komme nicht darum herum, meine Schritte bis zu dieser Lebenskehre zu gehen, fühle mich aber nicht wohl in meiner Haut. Ich schaue nicht mehr nach links und rechts, sehe nicht mehr das Leben um mich herum und verbaue mir damit auch die nötige Atempause, den Blick über den Tellerrand hinaus. Wer öffnet mir die Augen?

»Meine engen Grenzen, meine kurze Sicht bringe ich vor dich. Wandle sie in Weite, Herr erbarme dich« – heißt es in einem Lied.[16]

Am Ende des Plattenweges taucht ein Zaun auf, der die Wiese von der Umgebung abgrenzt. Andere Menschen öffnen mir das Gatter und weisen mir den Weg durch die »Grenze« hindurch. Gehen muss ich ihn allerdings selber. Wie schaue ich die Menschen an, die mir begegnen und mit denen ich alltäglich zu tun habe? Bist *du* es, Herr, der mir in ihnen begegnet?

Das Gatter auf dem Weg – Sperre oder Durchgang?

Der Pilgerweg als Weg der Heilung

Nach einem kurzen Waldstück führt mich der Weg auf die Skipiste. Die Waldschneise, die sicher extra dafür geschlagen worden ist, lässt mich wieder direkt auf den Gipfel des Heiligkreuzkofel zugehen. Es ist schon interessant, dass dieser seit Jahrhunderten begangene Wallfahrtsweg selbst dadurch seine Bedeutung nicht verloren hat, dass er um des Tourismus willen umfunktionalisiert worden ist. Was ist der Grund dafür, dass die Wallfahrt hier herauf immer noch besteht? Bloße Tradition? Oder ist etwas in dieser Landschaft, das die Menschen immer wieder hinaufdrängt zu dem Ort Heilig Kreuz?

Inzwischen bin ich wieder in die Nähe der Lifttrasse gelangt, aber der Lift läuft nicht, es ist wohl Mittagspause. Und plötzlich ist es ganz still. Nur das sanfte Plätschern des Bächleins, die eigenen Schritte, der eigene Atem und eigene Gedanken sind wahrzunehmen.

Bei der anhaltenden Steilheit des Weges hier herauf stellt sich schon die Frage, warum Menschen sich das antun. Warum nehmen sie solche Strapazen auf sich, um das Göttliche zu suchen?

Ist es der Gedanke der Nachfolge Jesu, ihn bei seinem Kreuzweg zu begleiten und sich so selbst zu entschuldigen, zu ent-sühnen? Oder nimmt man instinktiv diese Anstrengung auf sich, wenn die Lebensplagen, mit denen man sich gerade herumschlägt, das Eingeständnis der eigenen Hilf- und Machtlosigkeit, der Schmerz des eigenen Kreuztragens so bedrängend und zerstörerisch geworden ist, dass die Seele alle Empfindungen abgeblockt hat, um zu überleben?

Die körperliche Anstrengung, die man beim Aufstieg auf diesen Berg auf sich nimmt, beinhaltet dann die Chance, seinen Körper erneut zu spüren. Damit könnte ein erster Schritt geschafft sein, seine innere Leblosigkeit abzuschütteln und sich somit nicht nur mit der momentanen körperlichen Mühe, sondern darüber hinaus mit den von der jeweiligen Lebenssituation geschlagenen seelischen Verletzungen auseinanderzusetzen, nach Lösungswegen zu suchen und sich zu wandeln.

In der »Wolke des Nichtwissens« lese ich, dass *er* es ist, der dich ruft und dich mit der Sehnsucht deines Herzens zu sich zieht.[17]

So nehme auch ich diesen mühevollen Weg auf mich und gehe ihn aus dem Vertrauen heraus, dass er mich zu einem sinnvollen Ziel führt, an einen Ort, wo es mir besser geht. Der Weg ebenso wie der kreuztragende Heiland, der ja selbst in seiner eigenen Ohnmacht zum Heilszeichen geworden ist, werden zu einer Metapher für mein Leben: Wenn ich mir nur die Probleme meines Alltags und meine eigene Begrenztheit bewusst mache und annehme, mir meine Schmerzen zugestehe und mich ihnen ausliefere, dann ist der erste Schritt getan, um weiterzugehen und mich zum Besseren zu wandeln. Intuitiv nämlich vertraue ich mich damit der in mir immer schon angelegten Lebenskraft an, deren Quelle nach meiner Überzeugung *er* ist, *er*, der das Gute, das *er* selbst ist, für mich will.

In diesen Gedanken versunken erreiche ich die Mittelstation der Sessellifte und der Weg verläuft wieder direkt auf den jetzt schon sehr nahe gelegenen Gipfel des Heiligkreuzkofels zu. Hier beginnt ein Kreuzweg mit seinen Stationen. Ich habe aber einen Teil meines Kreuzweges bereits hinter mir.

Das Rattern des Sessellifts ist wieder zu vernehmen, es drängt sich mir aber kaum mehr auf. In mir ist es stiller geworden. Ich schreite gleichmäßig weiter und lasse meinen Atem mitkommen. Noch bevor ich den Wald verlasse, sehe ich schon die Wallfahrtskirche Heilig Kreuz, die wunderschön etwas erhöht und von einer sanften Hügellandschaft umgeben auf einer Wiese liegt.

Darüber erhebt sich beeindruckend aus einem chaosartigen Geröllfeld das Kreuzkofelmassiv. Es hat eine

Heilig Kreuz vor dem Kreuzkofelmassiv

warme Struktur und ich empfinde es als schön. Es hat die Bedrohlichkeit und Unnahbarkeit, die es für mich vom Tal aus gehabt hatte, verloren, und die Stille, die mich anstrahlt, hat nichts Dröhnendes mehr an sich.

Augenblicke des Heils: Seine Nähe

Ich erreiche den Eingang zur Kirche und trete ein. Der Kirchenraum, der sich nach einem niedrigen Durchgang unter dem Chor hindurch nach oben zum gotischen Kreuzgewölbe hin öffnet, überrascht augenblicklich durch seine Stille. Ich fühle mich sofort heimisch. Wie kann ich das Gefühl noch näher beschreiben? Es spielt sich zwischen Herz, Sonnengeflecht und Bauchraum ab: eine wohltuende Enge, die zugleich weit ist, ja, eine im Innersten spürbare Geborgenheit, die sanft umgibt, aber nicht einengt, die einfach nur guttut. Und je näher ich dem Altar komme, desto stärker wird mein Herzklopfen. Ich spüre, wie diese Stille, die mich immer mehr durchflutet, im Gleichklang mit dem aus dem Tiefsten meines Beckengrundes schwingenden Atem ist. Und es ist diese Stille, die mich in sich birgt, ruhig und sanft. Ich spüre sie sogar auf meiner Hautoberfläche.

Wenn nicht geredet wird, ist es absolut still hier herinnen. Und diese Stille korrespondiert wundervoll mit der Stille draußen in der Bergwelt. Ich sehe den Heiligkreuzkofel hier mit meinem inneren Auge noch einmal und spüre das überwältigende Gefühl, den Berg nicht als etwas auf meinem Kreuz Lastendes zu empfinden, sondern vielmehr ihn stützend im Kreuz zu haben.

Es ist einer dieser Augenblicke, in denen es für mich keinen Zweifel gibt, dass die Kraft, die ich da in dieser Stille in mir wachsen spüre, von *ihm* kommt, dass *er* mir jetzt ganz gegenwärtig ist. Ein Wort von Romano Guardini lautet: »Das ist keine Leere. Das ist Stille! Und in der Stille ist Gott.«

Ich bete: »Du, mein Gott! Geborgen bin ich in dir. Du trägst mich und hältst mich. Du drückst mich sanft in deiner mich bergenden Hand.«

Man könnte verweilen hier am Ziel des offiziellen Pilgerweges. Dennoch drängt es mich schon wieder nach draußen, auch wenn ich beim Verlassen dieses Ortes der Stille eine leichte Erschütterung und Traurigkeit wahrnehme. Ich schaue vom Heilig Kreuz Hospiz hinauf auf den Heiligkreuzkofel und weiß, dass mein Pilgerweg weitergeht, da hinauf. Was suche ich? Was suche ich mehr als diese bergende Ruhe, diese *seine* Gegenwart hier an diesem Ort? Meine ich, sie dort oben und auf dem Weg dorthin noch tiefer, erfüllender zu finden? Ist es eine nie zu stillende Sehnsucht? – Fragen, die nach einer Antwort rufen. Ja, auch hier draußen im Angesicht des Berges wird mein Herzklopfen stärker und schneller, genauso wie in der Kirche und wie auch durch die Anstrengung beim Aufstieg. Ich spüre ein sanftes Zittern im Angesicht des Göttlichen.

Seine Nähe lässt sich nicht festhalten

Bei regnerisch nebligen Verhältnissen breche ich am nächsten Tag auf, um zum Gipfel zu gelangen. So heimelig und meinen Rücken stärkend der Heiligkreuzkofel am Vortag bei meiner inneren Schau erschienen ist, so abweisend stellt er sich mir heute dar bei meiner Überlegung, wo da wohl ein Durchschlupf auf dieses Massiv hinauf ist. Doch zuversichtlich, den Weg zu finden, gehe ich weiter.

Zunächst geht es gleich wieder bergauf, mühsam die ersten Schritte, und ich stelle fest, dass ich zu schnell losgegangen bin, wieder einmal. Was drängt mich, am Anfang so loszupreschen? Das Gefühl, möglichst schnell das Ziel erreichen zu müssen, schneller als ich selbst mitkomme?

Ich bremse mich etwas ab und versuche, langsam meinen Rhythmus zu finden. Der Weg führt felsig durch Kiefernwäldchen und Latschengestrüpp, dann schräg über ein Schotterkar, bis gegenüber der Einstieg in eine leichte Kletterei beginnt.

Meine Frage von gestern kommt mir in den Sinn: Warum drängt es mich da hinauf, weg von dem Ort der Stille und Sicherheit? Eine Antwort bildet sich ansatzweise im Blick auf das unwirtliche Geröllfeld und den gleichermaßen gefährlich wie reizvoll erscheinenden Weiterweg. Das Gefühl der Gottesnähe ist nicht festzuhalten. Auch das Leben stellt einen ja immer wieder vor neue Anforderungen, die man anpacken sollte, will man selbst nicht erstarren. Es gibt nichts, das bleibt in unserer Welt, in Raum und Zeit. Wir werden weitergedrängt, nur getrieben von einer Ahnung der Erfüllung.

Und wie auf Bestellung windet sich der Weg mühsam ein Stück durch eine enge Geröllrinne, die mich nach oben drängt und den Ausstieg verpassen lässt. Wie leicht passiert es doch im Alltag, eingedeckt mit Arbeit so dahinzuwursteln, nicht mehr links noch rechts zu schauen. Man sieht nicht, was um einen herum passiert, in der eigenen Familie, im Freundeskreis oder bei Arbeitskollegen. Man werkelt, und plötzlich vergisst oder übersieht man den Ausstieg, vielleicht den Ausstieg zu einem Neueinstieg, der den Weg zu einem erfüllenderen Leben verheißt.

Nach einem Quergang eröffnet sich ein noch breiteres Geröllfeld als zuvor. Noch mehr Geröll, wie Müll- und Geröllhalden meines Lebens, die es manchmal sinnlos erscheinen lassen? Was hat mir bisher denn Zuversicht gegeben, was hat mich durch Schwierigkeiten hindurchgeführt, was hat mir Kraft gegeben? Wie bin ich weitergekommen?

Der Schritt ist langsamer geworden, sodass der Atem mitkommt. Vielleicht liegt darin das Geheimnis, wie ich die Geröllhalden, Müllhalden meines Lebens überwinden könnte. Der Kreuzweg Jesu kommt mir in den Sinn. Jesus ging ihn Schritt für Schritt. Er musste Schritt für Schritt gehen, um die Last des Kreuzes ertragen und zum

Ziel, zum Endpunkt, tragen zu können, um so immer wieder die Kraft für den nächsten Schritt zu haben. Aber wo war das Ziel? Wie schaut das Ende aus? Das Kreuz, Ausweglosigkeit, Sinnlosigkeit? Und dennoch geht er Schritt für Schritt, aber wohin, ins Nichts? Kulminiert diese Sinnlosigkeit dann nicht auch in dem vom Evangelisten Markus überlieferten Satz: »Mein Gott, mein Gott, warum hast du mich verlassen?« (Mk 15,34).

Ich spüre, dass ich mit jedem Schritt weiter hinauf, weiter weg vom Grün des Bergwaldes und der Almwiesen, der Farbe der Hoffnung, hinein in das triste Grau, Schwarz, Graubraun der Berge, sensibler und verletzlicher werde. Das eigene Innere tut sich mir auf mit allem, was darin verborgen ist, dem Verdrängten und Eingezwängten, mit dem, was nach Freiheit, nach Befreiung schreit. Aber auch das Gefühl für meine Kraft wächst, einer Kraft, die mir geschenkt, deren Maß allerdings vorgegeben ist. Ich merke, es liegt in meiner Hand, dieses Maß so weit wie möglich auszuschöpfen. Was darüber hinausgeht, ist meiner Verfügungsgewalt entzogen.

Plötzlich weitet sich auf einer Bergschulter der Blick wieder, ins Tal, auf die gegenüberliegenden Felsen, zurück auf die überwundene Steilstufe: »Na, es geht doch, Schritt für Schritt!«

Es gibt unterschiedliche Gründe, warum der Atem stehen bleibt. Jetzt ist es diese Weite, die sich unvermittelt öffnet. Auch nach oben weitet sich der Blick: eine breite, geneigte Felswand taucht auf, in der der Weg unübersichtlich erscheint, doch Wegmarkierungen helfen ihn zu finden. Schroffe Felswände, die im Nebel noch gigantischer ausschauen, sind es jetzt, die mir nun kurz den Atem rauben, weil ich mir ihnen gegenüber so winzig, völlig ausgesetzt vorkomme. Die Bergwelt tut sich auf wie vorher meine Gedankenwelt – durch den Anblick der Berge?

Blick ins Tal

Ich bete: »Oh Gott, mag ich auch noch so winzig sein, du hast mich in deine Hand eingeschrieben. Du hast mich bei meinem Namen gerufen. Ich gehöre dir: Ich bin dein. Ich bin dein. Ich bin dein!«

Ein straff geführtes Drahtseil hilft über eine Steilstufe. Rötlich gefärbte Felsbrocken und Erde faszinieren auf dem weiteren Weg. Und da, habe ich schon die Scharte erreicht, das Joch, den Übergang? Nein, wieder führt ein Band weiter, um den nächsten Felsrücken herum. Wo wird es mich noch hinführen?

Plötzlich und unerwartet entdecke ich ein Bildnis des »kreuztragenden Heilands« in einer Nische unter einer steil aufragenden Felswand. Als ob er mich begleiten wollte, ist er auf einem schmalen Band durch die steilen, abweisenden Felswände in die Richtung meines Weges gewendet. Selbst wenn ich nicht mit ihm rechne, kann *er* plötzlich da sein für mich und mir seine heilbringende Gegenwart deutlich machen!

Schließlich führt der Weg im Zickzack eine Geröllwand hinauf. Noch ein straff gespanntes Drahtseil beim Übergang von der steilen Felswand in das breite Geröllband, dann endlich die Kreuzkofelscharte.

Vertrauen auf Gottes Gegenwart

Aus steilem Fels heraus breitet sich jetzt weit und relativ eben die Faneshochfläche aus. Ich gehe den Übergang nicht ganz, sondern halte mich links den breiten Grat hinauf Richtung Heiligkreuzkofel.

Jetzt geht es erst einmal flacher und sanft weiter bergan. Eintönigkeit macht sich breit. Schritt für Schritt

Der kreuztragende Heiland

wieder, die nun aber leichterfallen. Ein trostreicher Gedanke aus der Areopag-Rede des Paulus kommt mir in den Sinn: »In ihm leben wir, bewegen wir uns und sind wir« (Apg 17,28). In *dir* bin ich, in *dir* bewege ich mich, in *dir* lebe ich.

Auch der Nebel reißt kurzzeitig auf, aber ich brauche ihn nicht mehr, um mit inwendig gewandtem Blick und gleichzeitig geweitetem Sinn dahinzuschreiten in *seiner* Gegenwart.

Ein Blick über die Kante lässt weit unten durch ein Nebelloch die Wallfahrtskirche Heilig Kreuz erkennen, und das eben noch im Nebel verborgene Gipfelkreuz des Heiligkreuzkofels taucht vor mir auf. Es schaut greifbar nahe aus. Aber mein Höhenmesser sagt mir, dass es bis dort noch fast 300 Höhenmeter sind. Hier ist also mein Zielpunkt, der aber immer wieder im Nebel verschwindet.

Der kreuztragende Heiland kommt mir wieder in den Sinn. Den sicheren Tod vor Augen, geht er dennoch Schritt für Schritt und plagt sich ab. Ins Nichts hinein hofft er durch alle Zweifel und Ohnmacht hindurch, dass dieses doch gefüllt ist von *seiner* über alles erhabenen Präsenz. Nur in der Liebe kann er das, denn mit dem Denken kann Gott von uns Menschen nicht erfasst werden.[18] So wie die Nebelschwaden hin und wieder vom Ziel wegziehen und den Gipfel des erhabenen Heiligkreuzkofelmassivs freilegen, blitzt seine Kraft schenkende Gegenwart in mir immer wieder spürbar auf, um ebenso plötzlich wieder hinter einem Schleier des Nichtwissens zu verschwinden. Aber im liebevollen Vertrauen kann ich mir *seines* Halts zu jeder Zeit gewiss sein.

Das Gipfelkreuz im Nebel

Tiefblick auf Heilig Kreuz durch die Nebelwand

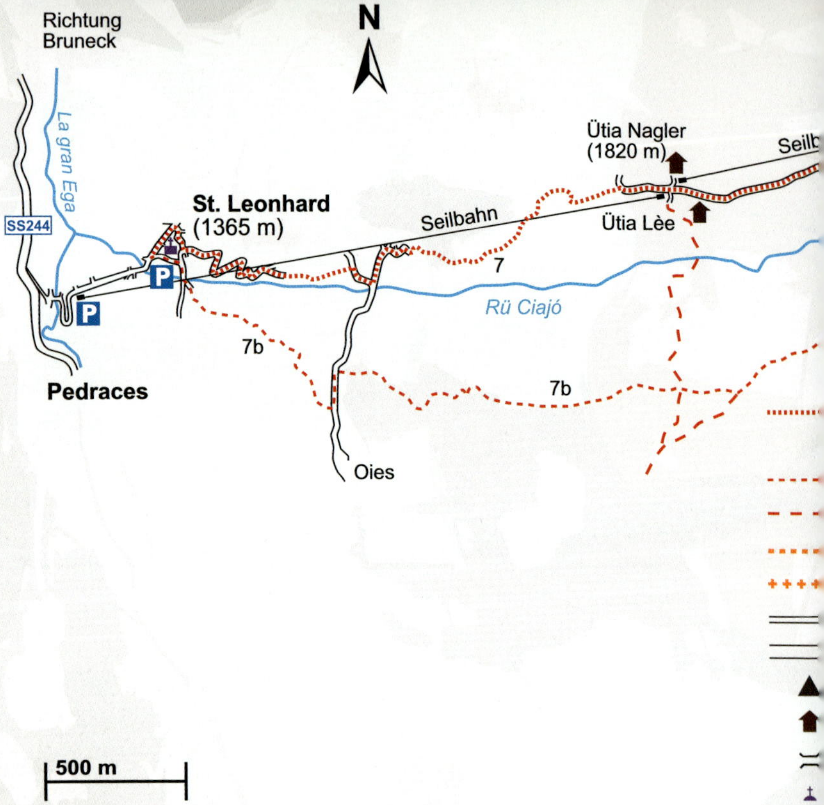

Ziel	Wallfahrtskirche Heilig Kreuz (2.045 m) und Heiligkreuzkofel (2.908 m)
Gebirgsgruppe	Kreuzkofelgruppe
Höhenmeter	ca. 700 m bzw. 1.600 m
Distanz	ca. 3 km bzw. 6 km
Gehzeit	ca. 2–2,5 Std. bis Heilig Kreuz und zusätzlich 3–3,5 weiter zum Gipfel

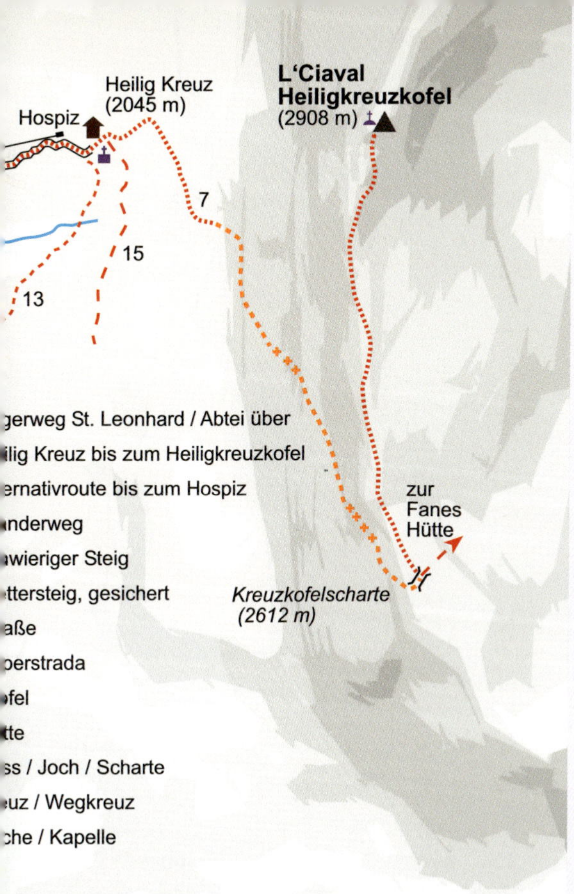

Beste Jahreszeit — Frühling bis Herbst, auf Gipfel je nach Schneelage

Schwierigkeiten/ Anforderungen — Bis zur Wallfahrtskirche leichte Bergwanderung; zum Gipfel drahtseilversicherter Steig – Trittsicherheit und Schwindelfreiheit erforderlich

Einstieg	St. Leonhard (1.365 m) bei Pedraces
Wegverlauf	Parkplatz gegenüber der »Biblioteca« in St. Leonhard (1.365 m) – Pfarrkirche – Heilig Kreuz (2.045 m) – Kreuzkofelscharte (2.612 m) – Gipfel Heiligkreuzkofel (2.908 m)
Hütten/ Übernachtungsmöglichkeiten	Heilig-Kreuz-Hospiz (2.045 m)
Anfahrt	Brennerautobahn – Ausfahrt Pustertal – Bruneck/Pustertal nach Pedraces/Gadertal und von dort über den Fluss nach St. Leonhard, am Parkplatz der Talstation des Sesselliftes noch vorbei zur Biblioteca, dort Parkplatz.
Wegvariante	Vom Parkplatz gegenüber der »Biblioteca« geht man die Fahrstraße weiter und hält sich rechts auf dem Weg 7 b, unter der Skipiste durch, bis der Wegweiser »Via Crucis P.J. Freinademetz« nach links wegführt. Man kann auf diesem Weg das Geburtshaus des heiliggesprochenen Chinamissionars besuchen. Danach führt der etwas längere Weg ruhiger und mehr auf Pfaden als der direkte hinauf nach Heilig Kreuz.
Karten	Tabacco 07, Alta Badia – Arabba – Marmolada, 1:25.000
Weiterführende Informationen	www.santa-croce.it/ospizio_d.htm

Der dreistufige Weg – *Von Leifers nach Maria Weißenstein*

In Leifers beginnt der Pilgerweg nach Maria Weißenstein. Es ist ein traditionsreicher und langer Anstieg, der außer an den Tagen der großen Marienfeste nicht so oft begangen wird, wie es der besonderen Stellung Weißensteins unter den Wallfahrtsorten Südtirols entsprechen würde. Denn es gibt von Auer aus eine Straße bis nach oben, die von der Mehrzahl der Wallfahrer leider genutzt wird. Ihnen entgeht ein Weg, der für mich eindrücklicher und lehrreicher war als die Ankunft oben.

Von Leifers aus geht es ein kleines Stück die Straße ins Brantental hinein, bis rechts am Haus Emanuel (früher Gasthaus Moser) eine Tafel den Beginn des Pilger- und Kreuzwegs markiert. Vor meinem Aufbruch las ich von dem alten Brauch, auf diesem Weg einen Stein mit nach oben zu nehmen[19], und bin ihm gefolgt.

Der Weg beginnt steil. Es geht über alte Pflastersteine, dann ein kurzes asphaltiertes Stück, bis der Pilgerweg weitgehend durch den dichten Wald oberhalb des Brantentals verläuft. Es lohnt sich, nach etwa 15 Minuten den Weg kurz zu verlassen und den Spuren zu folgen, die zu dem Kirchlein St. Peter führen. Es liegt an einem schönen, freien Ort. Es ist der letzte Blick ins Tal, bevor sich der Pfad nach Osten der Stille zuwendet.

Nicht weit oberhalb von St. Peter steht das Wegkreuz mit der sonderbaren Frage, die mich den gesamten Weg nach oben begleitet: »Mein Freund, wo gehst du hin?«

St. Peter

Ich weiß nicht genau, was es ist, das mich an dieser einfachen Frage so erstaunte – entweder deren Selbstverständlichkeit oder Unverständlichkeit. Warum sollte sich jemand, der dem Pilgerweg nach Maria Weißenstein folgt, an dieser Stelle fragen, wohin er geht? Die Frage gleicht ein wenig einem KOAN, einer jener rätselhaften Fragen oder Aussagen im Zen-Buddhismus, die den Schüler auf dem Weg der Erleuchtung begleiten und die nach den Maßstäben der rationalen Logik ebenso sinnlos wie unlösbar sind. Jeder Lösungsversuch führt über das radikale Aufbrechen aller angewöhnten Denkkategorien und wirklichkeitsordnenden Verständnismuster.

Aufbruch

Viele große Theologen unter den Mönchen der ägyptischen Wüste und einige Kirchenväter beschreiben einen dreistufigen Weg der erkenntnissuchenden Seele zur Erfahrung der Wirklichkeit Gottes. Es ist ein langer Weg der seelischen Reinigung. Diese Aufgabe bildet die Mitte des Weges zwischen dem sehnsuchtsvollen Aufbruch an dessen Beginn und der mystischen Erfahrung Gottes an dessen Ende.

Der für die philosophische Reflexion der jüdischen Tradition zur Zeit Jesu sehr bedeutende Denker Philo von Alexandrien beschreibt den richtigen Aufbruch als erste Stufe auf dem Pilgerweg. Gehen ist für ihn nur vordergründig eine leibliche Bewegungsform. Das pilgernde Unterwegssein ist zugleich eine Analogie für den Aufstieg, über den jede Seele die Suche nach Gott führt. Auf dem äußerlich zu bewältigenden Weg legt jeder Pilger auch einen inneren Weg zurück. Aufzubrechen zur Pilgerschaft ist ein passives und aktives Ereignis zugleich. Gott weckt die Sehnsucht, uns auf den Weg zu machen, wir gehen los. Ich habe Philos Gedanken so verstanden, dass die Frage nach dem Wohin des Weges nicht mit der Angabe des Zielortes einfach zu beantworten ist. Das Ziel, zu dem der Weg führt, ist vielleicht nicht dort, wo dieser endet. Pilgern ist Suchen – danach, was wir erst unterwegs finden können. Karl Rahner hat in einem Text über dieses Ineinander von selbstständiger Suche und unvorhersehbarer Führung beim Gehen meditiert:

»Wir interpretieren unser ganzes Leben immer wieder am Leitfaden der ursprünglichen, urtümlichen Erfahrung unseres alltäglichen Gehens. Wir gehen, und wir sagen durch dieses ganz physiologische Gehen allein schon, dass wir erst noch wirklich ankommen müssen, noch das Ziel suchen und wirklich Pilger sind, Wanderer zwischen den Welten, Menschen im Übergang (...) erfahrend, dass man nicht immer dort ankommt, wohin der Gang geplant war. In dem schlichtesten Gehen, das der Gang des Wissenden und Freien ist, ist so das ganze Dasein des Menschen eigentlich schon da (...).«[20]

Über dem Kreuz führt der Weg in den Wald, den er bis zum Ziel nur an wenigen Stellen verlassen wird. Einige Hundert Meter tiefer liegt das Brantental. Schattig ist es auf dessen Südseite. Als ich im März hier gehe, liegt noch Schnee. Nach zwei Stunden erreicht der Weg den Gasthof Halbweg, der allerdings nur in den Sommermonaten bewirtschaftet ist. Beim nahen Veronikamarterl sehe ich das erste Mal den Rosengarten. Ernst sind seine weißen Berge gegen die lieblichen Tallandschaften, in denen der Weg seinen Anfang nahm.

Reinigung

Ich spüre den Stein und bin nicht mehr sicher, wann ich ihn ablegen will. Nicht alle Pilger trugen ihre Steine bis nach oben. Wie es in Weißenstein zu diesem Brauch kam, ist unsicher. Vermutlich steht er in engem Zusammenhang mit der Tradition, Pilgern als spirituellen Prozess der Reinigung und Buße zu verstehen. Nicht nur in der Urzeit der mönchischen Pilgerbewegung in den ersten nachchristlichen Jahrhunderten war dieser Gedanke sehr lebendig. Bis ins 18. Jahrhundert hinein bedeutete fast jede Wallfahrt eine mehr oder weniger ausgeprägte Form der Askese. Die Pilger gingen oft lange Wege mit wenig Essen, das sie für die gesamte Zeit bei sich trugen. Manche von ihnen legten die Strecken barfuß zurück. In der buddhistischen Tradition hat sich dieser asketische Anspruch bis heute noch ausgeprägter bewahrt. Ich las von Pilgern, die den 53 Kilometer langen Weg um den Kailasch im Himalaya Körperlänge um Körperlänge zurücklegen. Nach jedem Schritt werfen sie sich in voller Länge auf den Boden, strecken die Hände nach vorne, stehen wieder auf, machen einen Schritt, wenden sich für einen Gebetsruf zum Himmel, um wieder erneut auf den Boden zu gehen. Mindestens drei Wochen dauert das, über viel Geröll, Fels und auch Eis, in Höhen zwischen 4.500 und 5.500 Metern.[21]

Der Wüstenvater Evagrius Ponticus hat in seinem Lehrbüchlein über das asketische Leben, »Praktikos«, acht »Gedankenkategorien«[22] benannt, mit denen jeder Mönch auf diesem Wegabschnitt vor dem weiteren Aufstieg erst richtig umgehen lernen muss. Auch wenn Evagrius bei dieser Auswahl seine monastischen Schüler und darunter besonders die Eremiten im Blick hatte, enthält seine Liste doch einige »typische« Versuchungen auf dem Weg der Gottessuche, die auch von vielen anderen Kirchenvätern und mystischen Theologen genannt werden. Evagrius stellt die Begegnung mit der Akedia als schwierigste aller Aufgaben dar.[23] Sie ist ein sehr intensives Gefühl der vollständigen Sinnlosigkeit und Beliebigkeit allen Tuns. Die Akedia weitet sich tendenziell aus, wenn ihr nicht angemessen begegnet wird. Das Gefühl, die Sinnlosigkeit des Lebens nur mit oberflächlichen Erklärungen überdeckt zu haben, die wie Schorf über einer eiternden Wunde den eigentlichen Zustand nur verstecken, bestimmt dann das Dasein. Es bleibt eine schwere, müde und traurige Leere. Kein anderer Text der Bibel bringt diese urmenschliche Grunderfahrung, am Abgrund der Sinnlosigkeit zu stehen, so zum Ausdruck wie die einleitenden Verse im Buch Kohelet:

»Windhauch, Windhauch, sagte Kohelet,
Windhauch, Windhauch, das ist alles Windhauch.
Welchen Vorteil hat der Mensch von all seinem Besitz,
für den er sich anstrengt unter der Sonne?
Eine Generation geht, eine andere kommt.
Die Erde steht in Ewigkeit.
Die Sonne, die aufging und wieder unterging,
atemlos jagt sie zurück an den Ort, wo sie wieder aufgeht.
Er weht nach Süden, dreht nach Norden, dreht, dreht,
weht, der Wind. Weil er sich immerzu dreht,
kehrt er zurück, der Wind.
Alle Flüsse fließen ins Meer, das Meer wird nicht voll.
Zu dem Ort, wo die Flüsse entspringen,
kehren sie zurück, um wieder zu entspringen.
Alle Dinge sind rastlos tätig,
kein Mensch kann alles ausdrücken, nie wird ein Auge satt,
wenn es schaut, nie wird ein Ohr vom Hören voll.
Was geschehen ist, wird wieder geschehen,
was man getan hat, wird man wieder tun:
Es gibt nichts Neues unter der Sonne.«

(Koh 1,1–9)

Ankunft

Bis zum Gasthof »Dreiviertelweg« (alter Name: Munter) folgt der Weg dem Lauf des Tals. Hier endet die lange Querung; es beginnt das letzte Stück des Anstiegs nach Weißenstein. Nur wenige Minuten nach dem Gasthof führt der Pilgerweg ein kurzes Stück entlang der Straße von Deutschenhofen nach Petersberg, überquert sie jedoch bald. Es geht noch einmal über einen wieder steiler ansteigenden Pfad in den Bergwald, der erst an der Lich-

Die Waldlichtung gibt den Blick auf Weißenstein frei

tung endet, in deren Mitte die von Klostermauern umgebene Kirche liegt. Das sich langsam lichtende, letzte Waldstück ist ein schöner Ort. Es wirkt noch der schützende Halbschatten, der aber schon den Blick auf Weißenstein öffnet. An dem Märztag, an dem ich unterwegs bin, liegt alles in einem verschwenderischen Licht. Hier, unter den letzten Bäumen, lege ich meinen Stein ab.
Vielleicht bedeutet Ankommen, von einem Sinn zu wissen. Auf kurzen Wegen und auf denen, die uns lange führen. Selten hat dieses Wissen den Charakter einer endgültigen Einsicht; oft ist es leise, fragil, undeutlich, manchmal verzweifelt. Und oft beginnen in ihm neue Wege.

Gregorios von Nyssa, der große mystische Theologe des 4. Jahrhunderts, hat in einem schönen Bild die letzte

Stufe des Weges der zu Gott pilgernden Seele beschrieben. Nach dem Aufbruch führt auch bei ihm der Weg durch einen Reinigungsprozess, um die Seele auf den Übergang zur letzten Stufe des Aufstiegs vorzubereiten. In der dann folgenden Kontemplation nähert sich die Seele Gott, ohne ihn tatsächlich erkennen zu können. Der Weg der Suche endet nicht. Nur immer weitersuchend kann sich die Seele Gott nähern. Sie fängt dabei »Tropfen des göttlichen Wortes« ein und begegnet Gott, aber nicht in einer begrifflich fassbaren Weise. Diese Form der Erfahrung gleicht einem Menschen, der in der Dunkelheit des Raumes die Gegenwart eines anderen spürt, ihn aber nicht erkennen und ansprechen kann:

»Nun aber wird die Seele bereits von der göttlichen Nacht umfasst. Während dieser Nacht findet sich der Bräutigam zwar ein, wird aber nicht sichtbar. Wie sollte denn nachts sichtbar werden, was man nicht sieht? Doch gewährt er der Seele eine Art Wahrnehmung seiner Gegenwart, entzieht sich aber dem deutlicheren Verstehen, indem er sich in der Unsichtbarkeit seiner Natur verbirgt.«[24]

Weißer Stein

Es ist nicht leicht, oben in Weißenstein einen ruhigen Ort zu finden. Zwischen Kirche, großem Parkplatz, Selbstbedienungsrestaurant und sakralem Souvenirladen bewegt sich die große Zahl der Wallfahrer. Das Kloster gehört seit 1836 dem Serviten-Orden, der in einigen Räumen, die an die Wallfahrtskirche angrenzen, die

Möglichkeit zum seelsorglichen Gespräch und zum Empfang des Bußsakraments anbietet. In der Kirche ist auch die sogenannte Ursprungskapelle, die – nach der Gründungslegende – von St. Leonhard nach seiner wundersamen Rettung durch die Muttergottes 1553 gebaut worden ist. Der unter einer geistigen Verwirrung leidende Leonhard stürzte demnach von einem exponierten Felsvorsprung im nahe gelegenen Wald in eine Schlucht. Unten musste Leonhard sich gleich zweimal wundern: Er hatte den tiefen Sturz ohne jede Verletzung überstanden und konnte sich selbst und die ihn umgebende Wirklichkeit in einer Klarheit wahrnehmen, wie es in den Jahren der Krankheit nie möglich gewesen war. Auf der Suche nach einem Ausgang aus der Tiefe, in die er gestürzt war, begegnete ihm Maria, von der er den Auftrag erhielt, als Dank für seine Rettung und die gleichzeitige Heilung seiner Krankheit eine Kapelle zu bauen. Der von ihr bestimmte Ort lag in unmittelbarer Nähe einer weißen Felswand. Schon wenige Jahre später wurde die Kapelle für die vielen Wallfahrer zu klein und es entstand eine Kirche, die Mitte des 17. Jahrhunderts wiederum durch ein größeres Gebäude ersetzt werden musste.

Alfred Hoppe vermutet, dass neben dem weißen Fels und dem weißen Stein, den Leonhard zu Beginn der Bauarbeiten in geringer Tiefe fand, auch die beherrschende Gestalt des Weißhorns für die Namensgebung des Ortes verantwortlich sein könnte.[25] Ich glaube, er hat recht. Als ich an einem etwas höher gelegenen Punkt in der Nähe des Parkplatzes stehe, sehe ich, wie das Weißhorn die Berge der näheren Umgebung überragt

Blick von Weißenstein auf das Weißhorn

und alle Linien auf seinen Gipfel als landschaftlichen Orientierungspunkt zulaufen.

An der Wegkreuzung oberhalb der Pilger- und Jugendherberge beginnt der 15-minütige Weg zur Einsiedelei mit der kleinen Kirche, die St. Leonhard geweiht ist. Ich bin froh, auch dorthin gegangen zu sein. Der Weg führt leicht abwärts zu einer Waldmulde, von der es dann kurz aufwärts zu der exponierten Stelle geht, an der die Einsiedelei liegt. Viele Mönche des Klosters haben hier lange Zeiten freiwilliger Einsamkeit verbracht. Auf der Suche nach einem Wort, das Gott spricht, und nach einer Leere der Seele, die weit und erfüllend ist. Und wohl auch in der Bedrängnis der Akedia.

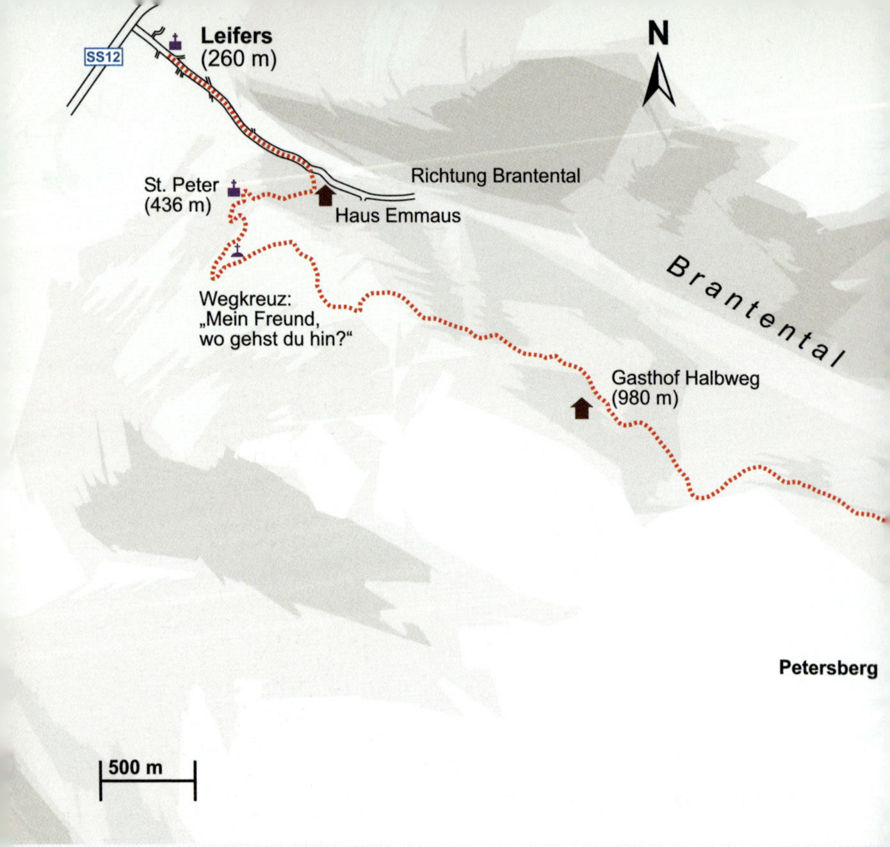

Ziel	Maria Weißenstein (1.530 m)
Gebirgsgruppe	Eggentaler Berge, Südtirol
Höhenmeter	1.250 m
Distanz	8 km
Gehzeit	4 Std.
Beste Jahreszeit	März bis November, in schneearmen Wintern auch in den Wintermonaten
Schwierigkeiten/ Anforderungen	Konditionell anspruchsvolle, ansonsten unschwierige Tour

Einstieg	Ortsmitte von Leifers, 8 km südöstlich von Bozen
Wegverlauf	Leifers (280 m) – Gasthof Halbweg (980 m) – Gasthof Dreiviertelweg (»Munter«, 1.250 m) – Weißenstein (1.530 m)
Hütten/ Übernachtungs-möglichkeiten	Gasthof Weißenstein (Tel.: 0039-0471/615124); Pilger- und Jugendherberge in Weißenstein
Anfahrt	Mit dem PKW über die Autobahn bis zur Ausfahrt Bozen-Süd. Von hier über die Land-

straße Richtung Neumarkt/Auer nach Leifers. In der Ortsmitte links in die Straße ins Brantental abbiegen. Nach etwa 500 Metern kommen Parkbuchten auf der rechten Seite. Weiter oben gibt es keine Parkmöglichkeiten mehr. Leifers ist auch gut von Bozen aus mit dem Bus zu erreichen, Abfahrt vom zentralen Busbahnhof in Bozen schräg gegenüber vom Bahnhof (aktuelle Fahrpläne unter www.sii.bz.it).

Weg-varianten/Abstieg Als Gipfel empfiehlt sich bei Nächtigung in Weißenstein unbedingt das Weißhorn, 2.317 m. Der Anstieg dauert etwa 2,5–3 Stunden und geht über 880 Höhenmeter. Bis auf leichte Blockkletterei unter dem Gipfelkreuz (Trittsicherheit und Schwindelfreiheit erforderlich) verläuft er über markierte Bergwege. In Weißenstein beginnt der Anstieg an den Almwiesen auf der Ostseite des großen Parkplatzes (Wegweiser). Zurück nach Leifers kommt man mit dem Bus (Umsteigen in Neumarkt; auch direkte Rückkehr nach Bozen möglich), über den Aufstiegsweg oder nach Nächtigung in Weißenstein der schöne Pilgerweg von Weißenstein nach Deutschenhofen und von dort über das Brantental zurück nach Leifers (insgesamt 7–8 Stunden Gehzeit).

Karten Tabacco-Wanderkarten Blätter 34 und 29, 1:25.000; Kompass-Wanderkarte »Bozen«, 1:50.000

Weiterführende Informationen www.weissenstein.it

Durch nächtliche Tiefe

Von Latzfons zum Latzfonser Kreuz

Durch die Sarntaler Alpen bin ich einige Male gegangen. Immer hatte ich den Eindruck, in einen Raum der Stille eingetreten zu sein. Wenige Wanderer nur sind auf den Wegen unterwegs, die Gipfel unspektakulär. Es gibt hier keine gewaltigen Wände wie in den benachbarten Dolomiten. Die Wege zwischen Penser Joch im Norden und Ritten im Süden mäandern durch eine fast liebliche Hochgebirgslandschaft. Den Sarntalern fehlt eine Härte, die sonst oft für das Gebirge jenseits von 2.500 m prägend ist. Auch hohe Berge können weich sein.

Bei meinem ersten Besuch am Latzfonser Kreuz sah ich die Schönheit des Ortes erst am Morgen nach der Nacht in dem direkt neben der Kirche gelegenen Schutzhaus. Dieser Platz weist mit allem, was zu ihm gehört, nach Osten. Die kleine Kirche steht direkt am östlichen Abbruch der Hochfläche. Während sich im Westen die Kassianspitze mit ihren Ausläufern erhebt und den Ort von den dahinter liegenden Bergen und Tälern abgrenzt, ist im Osten alles offen und frei. Ich dachte an die unzähligen Gebete, die in diese Richtung gesprochen, gestammelt und geschrien worden sind. Lange schon begleitet mich das alte Gebet der ostsyrischen Christen, das ich auch damals an der Mauer der Kirche stehend betete:

»Beim aufgehenden Morgenlicht preisen wir dich, o Herr;
denn du bist der Erlöser der ganzen Schöpfung.
Schenk uns in deiner Barmherzigkeit einen Tag,
erfüllt mit deinem Frieden.
Vergib uns unsere Schuld.
Lass unsere Hoffnung nicht scheitern.
Verbirg dich nicht vor uns.
In deiner sorgenden Liebe trägst du uns;
lass nicht ab von uns.
Du allein kennst unsere Schwäche.
O Gott, verlass uns nicht.
Amen.«

Tiefe

Die Nacht taucht alles Leben in eine Tiefe ein, aus der es dann erneuert wieder hervorgeht. Nicht nur mein Leib geht diesen Weg, auch meine Seele. Etwas an mir ist neu, jeden Morgen, auch wenn ich der geblieben bin, der ich am Tag zuvor war.

An diesem Morgen in den Sarntalern war mein Eindruck besonders stark, dass noch etwas von der nächtlichen Tiefe den Anbruch des neuen Tages überdauert hat und die Atmosphäre prägt. Raumgreifend stiller als sonst war es, und alle, die durch diesen Morgen wanderten, setzten ihre Schritte bedächtiger, um die Stille nicht zu stören.

Manchmal wird meine Unfähigkeit, mir Gott vorzustellen, überwältigt von dem Bild einer Quelle, aus deren Tiefe alles Sein erneuert hervorgeht. Ich glaube nicht an Leben, das keinen quellenden Grund in sich hat. Thomas von Aquin hat die von Aristoteles stammende Unterscheidung zwischen lebendigem und unlebendigem Sein übernommen: Alles, was lebt, hat die Kraft der Selbstbewegung. Lebendige Dinge bewegen sich im Unterschied zu unlebendigen nicht primär aufgrund der Wirkung äußerer Ursachen. Jedes Leben entfaltet sich in seiner ganz eigenen Weise. Es trägt seine Idee in sich. Wie symbolisch in der Taufe vollzogen, taucht alles Leben immer wieder ein in die Quelle des göttlichen Seins. Hier erhält es seine Lebenskraft. Es gab Momente, da glaubte ich, einen Blick in die Tiefe geworfen zu haben. Ich werde nicht vergessen, wie ich meinen Kindern nach ihrer Geburt fast ungläubig ins Gesicht schaute, weil ich nicht begreifen konnte, was ich sah. Dieses Leben musste aus einem Grund kommen, der jenseits aller menschlichen Möglichkeiten liegt. Tod und Schlaf sind Geschwister, Geburt und Morgen auch.

Der evangelische Theologe Paul Tillich schlug vor, die für uns gänzlich unerfassbare Rede vom Sein Gottes mit dem Begriff »Tiefe« zumindest etwas verstehbarer werden zu lassen:

»Der Name dieser unendlichen Tiefe und dieses unerschöpflichen Grundes alles Seins ist Gott. Jene Tiefe ist es, die mit dem Wort Gott gemeint ist. Und wenn das Wort für euch nicht viel Bedeutung besitzt, so übersetzt es und sprecht von der Tiefe in eurem Leben, vom Ursprung eures Seins, von dem, was euch unbedingt angeht. (...) Wenn ihr das tut, werdet ihr vielleicht einiges, was ihr über Gott gelernt habt, vergessen müssen, vielleicht sogar das Wort selbst. Denn wenn ihr erkannt habt, dass Gott Tiefe bedeutet, so wisst ihr viel von ihm.«[26]

Das schwarze Kreuz

Der heute noch begangene Pilgerweg beginnt in Latzfons. Noch ist das Eisacktal näher als die Sarntaler Stille. Jedes Jahr am Magdalenakirchtag, den 22. Juli, startet hier um 5:00 Uhr die große Prozession mit dem »schwarzen Christus«. In dieser Tradition wird der jahrhundertealten Geschichte des Pilgerortes gedacht. Die Bewohner der Gemeinden Latzfons und Villanders wurden um das Jahr 1700 in drei aufeinanderfolgenden Jahren von fürchterlichen Unwettern mit unvorhersehbaren Gewittern und zuvor nicht gekannten Niederschlagsmengen geplagt. Die Gebete der Bauern schienen unerhört zu bleiben. Ein frommer Priester gab daraufhin den Rat, nach einem vergessenen Kruzifix zu suchen und es betend hinauf in die Berge zu tragen. In der Totengruft fanden die Bauern tatsächlich ein gotisches Holzkreuz, das durch einen Schutzanstrich aus Baumharz und Ochsenblut schwarz geworden war. Sie trugen es, wie vom Priester befohlen, in Richtung Kassianspitze, noch unschlüssig, was unterwegs damit geschehen sollte. Als sie nach einer Weile das Kreuz abstellen wollten, hörten sie eine deutlich vernehmbare Stimme, die rief: »Nein, da noch nicht.« Auch beim nächsten Versuch wiederholte sich die seltsame Anweisung. Erst als sie das Kreuz bis zu der Hochfläche auf 2.300 m getragen hatten, verstummte die Stimme. Im Jahr 1743 wurde hier eine Kapelle für das Kreuz gebaut, 1803 errichtete man für die vielen Pilger ein einfaches Hospiz.

Einige Jahre nach meinem ersten Besuch gehe ich im Spätherbst den alten Pilgerweg. Von der Latzfonser Pfarrkirche führt der mit 1A bezeichnete Anstieg (immer Richtung Klausener Hütte) nach Norden aus dem Ort hinaus. Zunächst geht es Fahrwege entlang, die abgelegene Höfe anbinden, später dann über einen steilen Grashang, bis der Weg auf die von Latzfons heraufführende Straße trifft. Direkt gegenüber führt ein unmarkierter Pfad durch den Bergwald weiter aufwärts, der nach etwa 20 Minuten wieder in den Hauptweg mündet, dabei aber den Parkplatz »Kühhof« am Ende der Straße lohnend umgeht. Der Weg ändert sich nun. Er wendet sich nach Westen und zieht sehr gleichmäßig ansteigend in einem weiten Bogen zur Klausener Hütte. Es geht durch Lärchenwald, der sich nur langsam lichtet und die Sarntaler Hochfläche noch verbirgt.

Weg zwischen Kühhof und Klausener Hütte

Bis zur Klausener Hütte (1.923 m) folgt der Weg der Pilger der gleichmäßig steigenden Forststraße. Das sind von Latzfons zwischen 2 und 3 Stunden. Kurz vor der Hütte verlässt der Weg den Wald und geht etwas oberhalb davon in einen Steig durch die Almwiesen über. Hier, auf fast 2.000 m, wird alles weiter und offener. Ich blicke zurück nach Norden und sehe die Königsangerspitze, auf deren Gipfelaufbau Tonscherben gefunden wurden, die möglicherweise aus der Bronzezeit stammen und auf einen uralten Opferplatz hindeuten könnten. Hanspaul Menara fragt sich in seinem Buch über »Südtiroler Urwege«, »ob mit dieser Urzeitstätte die alte Wallfahrt zum Latzfonser Kreuz drüben unter der Kassianspitze in irgendeinem ursprünglichen Zusammenhang steht«[27]. Über den genau in Ost-West-Richtung verlaufenden Grat sind beide Gipfel miteinander verbunden. Und er fragt auch nach der Herkunft des klangvollen Gipfelnamens, »Königsangerspitze«, die letztlich ungeklärt ist. Ich gehe mit seinem abschließenden Rat weiter: »Deshalb tun wir bei unserer prachtvollen Tour gut daran, die Auge offen zu halten – vielleicht entdecken wir etwas, das zur Lösung der noch offenen Fragen beitragen kann.«[28]

Blick zur Königsangerspitze

Baumgrenze

Auch an diesem Tag bin ich froh, endlich die Baumgrenze überschritten zu haben. Viele Wege im Gebirge führen über Stufen, von denen die obere Grenze des Waldgürtels, durch den der Anstieg auf höhere Berge im unteren Teil oft verläuft, die deutlichste ist. Das Gehen im Wald ist oft mühsam. Die Weite der Landschaft ist verhüllt, das besondere Licht der Berge verschattet, der Himmel verborgen. Der Innsbrucker Bischof und Bergsteiger Reinhold Stecher sprach einmal in einem Interview über seine Ungeduld zu Beginn langer Anstiege. Irgendwann aber, in seinen vielen Jahrzehnten im Gebirge, lernte er, die oft langwierigen Waldwanderungen am Beginn vieler Bergtouren als gleichberechtigtes Pendant zu dem herausfordernden Steigen im hochalpinen Gelände anzuerkennen. Und er fügte hinzu, inzwischen möge er den langen Weg durch den Bergwald sogar, da dieser so lebensnah sei und so wichtig, um sich im transzendenten Bereich nicht zu versteigen.

Von der Saltner Hütte (2.002 m) aus ist die Wallfahrtskirche erstmals zu sehen. In einer weiten Kehre windet sich der Weg durch Latschenkiefern und über alte Steine nach oben. 15 Kreuzwegstationen begleiten die Pilger auf diesem letzten Stück.

Auch bei meinem zweiten Besuch bin ich ergriffen von diesem Ort. Das Rifugio hatte so spät im Jahr schon geschlossen. Wieder staune ich über die Weite der Landschaft, in der die Kirche sich niedergelassen hat. Und über eine Stille, die mir diesmal noch unverborgener erschien als beim ersten Mal.

In Jack Kerouacs Buch »Gammler, Zen und hohe Berge« gibt es eine Stelle, die mir immer schon besonders gefallen hat. Kerouac beschreibt eine Bergerfahrung, die zu meinen Eindrücken der Sarntaler Stille passt. Er bereitet sich mit seinem Bergfreund Japhy auf das nächtliche Biwak an einem hoch gelegenen Ort in den kalifornischen Sierras vor. Danach sitzen beide schweigend da und schauen zu, wie die Nacht langsam von den Tälern in die hohen Berge zieht. Nur einmal unterbricht Jack das feierliche Schweigen, und es gibt einen kurzen Dialog: Sie sind so still, sagte ich. Na klar, Mann. Ein Berg ist für mich ein Buddha, weißt du. Denk an die Geduld, Hunderttausende von Jahren nur so dazusitzen und völlig, völlig still zu sein und so auszusehen wie jemand, der in dieser Stille für alle lebenden Wesen betet und nur darauf wartet, dass wir mit all unserem Hasten und Jagen mal Schluss machen.[29]

Wallfahrtskirche am Latzfonser Kreuz

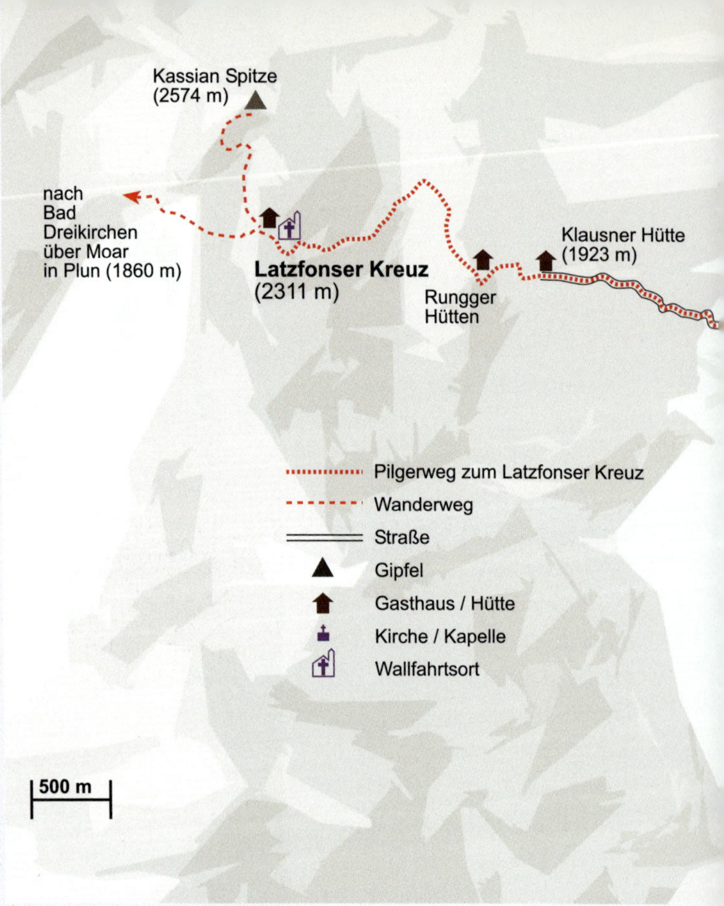

Ziel	Latzfonser Kreuz (2.310 m)
Gebirgsgruppe	Sarntaler Alpen
Höhenmeter	1.250 m
Distanz	12 km
Gehzeit	3,5–4 Std.
Beste Jahreszeit	Ende Juni bis Anfang November (je nach Schneelage)

Schwierigkeiten/ Anforderungen	Konditionell anspruchsvolle, ansonsten unschwierige Tour
Einstieg	In Latzfons, nordseitig der Pfarrkirche (Markierung 1 A)
Wegverlauf	Latzfons (1.050 m) – Klausener Hütte (1.960 m) – Latzfonser Kreuz (2.300 m)

Hütten/ Übernachtungsmöglichkeiten	Rifugio Latzfonser Kreuz, 2.300 m, Tel.: 0039-0472/545017
Anfahrt	Mit dem PKW zur Ausfahrt Klausen an der Brennerautobahn. Von hier 8 km bergauf nach Latzfons. Mit der Bahn bis Brixen, von dort mehrmals täglich Busverbindung nach Latzfons (aktueller Fahrplan im Internet unter: www.sii.bz.it)
Wegvariante	Sehr lohnend ist der etwas längere Abstieg über die Königsangerspitze zurück nach Latzfons. Für eine zwei- oder dreitägige Tour bietet sich auch an, nach einer Nacht im Rifugio Latzfonser Kreuz am nächsten Tag über die Alm Moar in Plun (1.860 m) nach Bad Dreikirchen (1.150 m) abzusteigen. Dreikirchen ist ein Wallfahrtsort mit vorchristlichen Wurzeln. Bekannt ist Dreikirchen für seine Quellen und die drei Kirchen, die unmittelbar nebeneinander zwischen dem 13. und 15. Jahrhundert erbaut wurden. Die Schlüssel für die Kirchen gibt es im Messnerhof (Tel.: 0039-0471/650004), in dem auch gut und günstig übernachtet werden kann. Von Dreikirchen geht es in nur einer Stunde über den Pilgerweg nach Barbian (Busanschluss nach Waidbruck/Brixen).
Karten	Tabacco Wanderkarte Blatt 40, 1:25.000
Weiterführende Informationen	www.latzfonserkreuz.com

Lebendige Wasser und hohe Berge -

Von Scharnitz nach St. Georgenberg

Als ich das erste Mal auf dem Halleranger war, dachte ich, dass es stimmen muss, was Aristoteles von Orten sagt: Sie sind unbewegte Beweger, bewegen Menschen, zu ihnen zu kommen, ohne dabei selbst beweglich zu sein.

Der Weg nach Georgenberg führt ins Karwendel, dem »urweltlichen Gebirg«, wie Hermann von Barth es nannte, der sich in den 1950er-Jahren allein mit einer Notration Zyankali in den einsamen Wänden und Tälern herumtrieb. Auch durch das Vomper Loch ist er dabei gekommen und dort umhergeirrt, damals noch ohne den guten Steig, über den der Weg nach Georgenberg heute führt. Einige Wege sind seitdem markiert und Hütten gebaut worden; das Karwendel aber ist ein vergleichsweise wenig zugängliches Gebirge geblieben. Es gibt kaum Bergbahnen, die Zustiege zu den Gipfeln sind weit, die Wege zwischen den Hütten und Almen oft auch. Dafür hat es hohe Berge, Quellen und mäandernde Bergbäche in den langen, tiefen Tälern – und den Herbst, der im Karwendel so ist, dass der ganze Sommer zu einer Zeit der Vorfreude werden kann.

Der Weg von Scharnitz nach Georgenberg folgt erst am Ende dem kurzen, viel begangenen Pilgerpfad von Stans hoch zur Wallfahrtskirche. Es gibt nur mündliche Überlieferungen, dass in vielen Jahren die Pilger aus der Scharnitzer Gegend wohl den beschwerlichen Weg über den Halleranger nach Georgenberg gegangen sind. Damals wohl noch nicht durch die pfadlose Wildnis im Vomper Loch, sondern noch länger, aber weniger ausgesetzt über das Lafatscher Joch und das Halltal.[30]

Zwei volle Gehtage dauert der gesamte Weg. Er führt durch eine Landschaft, deren Schönheit mich immer wieder von Neuem erstaunt. Der gesamte Weg ist sicher eine der großen gipfelfreien Touren in den nördlichen Kalkalpen, durch Talgründe unter großen Karwendelwänden, Quellgebiete, über ein Joch in der Wegmitte und durch die lange Schlucht, die so urweltlich liegt, dass es jedes Mal wieder neu verwunderlich ist, an ihrem Ende doch wieder an einer Stelle herauszukommen, wo Menschen leben. Auf die Frage »Wohin bist du gegangen?« wusste ich nach diesem Weg nicht, was ich antworten sollte. Georgenberg war am Ende nicht der Zielpunkt dieser Wanderung, nur die letzte von vielen Stationen unterwegs.

Entlang der Isar zum Halleranger

In Scharnitz beginnt der Weg und mit ihm das Wasser. Er führt durch das südliche der beiden Karwendeltäler, die sich hier treffen. Bis zum Halleranger, dem Ziel des ersten Tages, sind es 5 Stunden. Viel Zeit, dem fließenden Wasser zu folgen, denn nur an wenigen Stellen verlässt der Weg den Lauf der Isar. Mit dem Fluss zusammen begeht man nach oben und Osten hin unterschiedliche Stufen, oder besser: verschiedene Räume. Mit dem Eintritt in einen anderen Raum ändert sich auch die Atmosphäre der Landschaft. Zu diesem Weg passt, was Reinhard Karl einmal in einem seiner poetischen Texte über das Bergsteigen geschrieben hat: »Die Berge scheinen unzählige Türen zu haben. Wenn man eine Tür öffnet, steht man vor vielen weiteren.«[31]

Schon bald nach Scharnitz verläuft die Forststraße für längere Zeit oberhalb der tiefen Schlucht, die sich die Isar hier gegraben hat. Wenn man sie hinter sich gelassen hat, führt der Weg hinab in das Bett der Isar. Die erste Tür – eine Stunde dauert es bis hier von Scharnitz. Das Tal breitet sich von diesem Punkt wie ein Raum aus. Die Wände der beiden Karwendelketten im Norden und Süden begrenzen und öffnen ihn zugleich in eine noch nicht einsehbare Tiefe nach Osten. Dorthin führt der Weg und von dort kommt das Wasser aus seiner Quelle.

»Können wir etwas vom Wasser lernen?« In einem Artikel des Naturphilosophen Reinhard Falter bin ich einmal auf diese Frage gestoßen, die mich seitdem begleitet, wenn ich an Flüssen entlangwandere. Auch an dem Septembertag, als ich den Weg nach Georgenberg gehe, nehme ich die Frage mit.[32]

Etwas weniger als zwei Stunden geht es durch das Tal bis zur Kastenalm auf 1.200 Metern Höhe. Diese Wanderung, direkt am Ufer der Isar entlang, ist ein Weg der Einweisung in die Grundbewegung alles lebendigen, fließenden Seins: den Mäander. Kein Fluss unserer Erde fließt im natürlichen Zustand gerade. Falter verweist auf die Analogie dieser fließenden Bewegung zur menschlichen Biografie. Ein Gedanke, der mich in einer sehr anschaulichen Weise überzeugt hat. Wenn ich meinen bisherigen Lebenslauf als Linie zeichnen würde, könnte ich nur eine ähnliche Form wie die des mäandernden Baches wählen.

Nicht weit vor der Kastenalm liegt der »Isar-Ursprung«. Die Stelle ist mit einer großen Tafel seit einigen Jahren unübersehbar gekennzeichnet. Es gibt einen Grundsatzstreit über die Frage, ob hier unten oder oben am Halleranger die »wahre« Isar-Quelle liege. Vielleicht ist die gewählte begriffliche Unterscheidung zwischen Quelle (oben) und Ursprung (unten) ein sinnvoller Kompromiss, da es ohnehin bei wenigen Flüssen eine Quelle gibt, die sich exakt lokalisieren lässt. Meist entspringen sie einem Quellgebiet.

Ab der Kastenalm ändert sich der Lauf des Weges. Aus dem Fluss ist ein Bach geworden, der über Steilstufen fällt. Etwa eine Stunde lang steigt der Weg hier an mehreren Stellen steil an, bis er am oberen Ende des Waldstückes an der Lafatscher Alm den niederen Almboden des Hallerangers erreicht. Der Blick nach der letzten Kehre im Wald, die den Weg in die offene Almlandschaft unter die wilden Felsen von Speckkarspitze und Kleinem Lafatscher führt, ist eines jener Bilder, die ich in mir trage, seitdem ich das erste Mal an dieser Stelle staunend stand. Hier beginnt ein neuer Raum. Der starke atmosphärische Kontrast zwischen der verspielten Bachland-

Speckkarspitze über dem Halleranger

schaft und den ernsten, hohen Wänden prägt den weiteren Weg.

Durch Almwiesen geht es in der letzten knappen Stunde bis zur Halleranger Alm gemütlich dahin. An einem Generatorenhäuschen gabelt sich der Weg. Geradeaus führt er zum Halleranger-Haus, links zweigt der Weg zur noch schöner gelegenen Halleranger Alm ab. Von hier aus sind es noch 20 Minuten.

Ich gehe oben in die kleine Kapelle, die zur Alm gehört.[33] Lange sitze ich dann auf der Bank an der Westseite der Kirche und kann mich kaum losreißen von der Weite, in die ich schaue.

Transzendenzerfahrungen, Erfahrungen also, die an Erkenntnisgrenzen führen und dabei einen weder sprachlich noch bildlich adäquat fassbaren Eindruck von dem, was jenseits dieser Grenze ist, zurücklassen, eröffnen oft den Blick in die Weite und Tiefe des Lebens. Es gibt den Beschreibungsversuch einer solchen Erfahrung im Gebirge von einem Geistlichen, den William James in seine großartige Sammlung »Die Vielfalt der religiösen Erfahrungen« aufgenommen hat:

»Ich erinnere mich an die Nacht und fast genau an die Stelle oben auf dem Berg, wo meine Seele sich gleichsam ins Grenzenlose öffnete, und dort kam es zum Zusammensturz beider Welten, der inneren und der äußeren. Es war eine Tiefe, die nach der Tiefe rief – der inneren Tiefe, die mein persönlicher Kampf in mir geöffnet hatte, wurde geantwortet von einer unergründlichen, über die Sterne hinausreichenden Tiefe draußen. Ich war allein mit ihm,

Die Kapelle an der Halleranger Alm

der mich und alle Schönheit der Welt, die Liebe, den Schmerz und auch die Versuchung geschaffen hatte (...) Die vollkommene Stille der Nacht erbebte vor einem feierlichen Schweigen. (...) Wenn überhaupt jemals, habe ich damals, glaube ich, Gott von Angesicht zu Angesicht gegenübergestanden und bin aus seinem Geiste neu geboren worden.«[34]

An der Quelle

Von der Alm zur Quelle der Isar sind es wenige Minuten. Es geht den kleinen Hügel, auf dem das Gasthaus liegt, nach Süden Richtung Halleranger-Haus hinab bis zum Bach, dann, noch vor der Brücke, im Bachbett links etwa 200 Meter den Pfad entlang, bis dessen Spuren sich im Bach verlieren. Die Quelle liegt von dieser Stelle aus am gegenüberliegenden, südlichen Rand des Bachbetts. Sie ist mit Steinen gefasst. Der einzige Hinweis steht in verblasster Schrift auf einem Felsblock einige Meter weiter flussaufwärts. Das von oben kommende Wasser stammt vor allem aus einem kleinen See am Überschalljoch, in dem sich das Schmelz- und Regenwasser sammelt. Unterhalb des Sees gibt es mindestens eine weitere artesische Quelle, vermutlich mehrere.

Quellen sind schon früh als heilige Orte verehrt worden. Sie sind der elementare Ausdruck für das Prinzip der Erneuerung alles Lebendigen. Aus Quellen gespeiste Bäche bewegen und verändern sich augenblicklich. »Man kann nicht zweimal in den gleichen Fluss steigen«, heißt es bei Heraklit. Das wäre so vergeblich, wie einem vergangenen Augenblick nachzujagen. Das Bett des Flusses bleibt, das Wasser nicht. Quellen sind Metaphern für die Geburt neuen Lebens. Verborgenes tritt in unverborgenes Sein hervor. Der Alten Kirche war dieser symbolische Zusammenhang so wichtig, dass unter fließendem Wasser getauft wurde. Nur lebendiges, sprudelndes Wasser[35] kann symbolisieren, was in der Taufe sakramental gefeiert wird:

Neues Leben geht in seiner einmaligen, unverwechselbaren Gestalt aus der Quelle allen Lebens hervor. Quellen lehren uns, dass alles lebendige Sein in Bewegung ist:

»Bei der Geburt ist der Mensch zart und schwach,
bei seinem Tod ist er fest und hart.
Bei ihrem Entstehen sind die Bäume zart und weich,
bei ihrem Sterben sind sie steif und dürr.
Also sind Festigkeit und Stärke die Begleiter des Todes,
Zartheit und Schwäche aber die Begleiter des Lebens.«[36]

Ich glaube, dass durch Härte und Unbeweglichkeit nicht nur der Leib, sondern auch die Seele Lebendigkeit verliert. Zynische Kälte, selbstgerechte Ignoranz, Sturheit, Abgeklärtheit, Härte, zum Stillstand gekommene Anschauungen und der Glaube, alle maßgeblichen Lebenserfahrungen zur Erkenntnis der Wirklichkeit bereits gemacht zu haben, sind Zustände, die einen inneren Sterbeprozess begleiten. An der Isarquelle saß ich in dem Jahr, als ich 40 wurde, und habe mir vorgenommen, nie zu vergessen, meine Tendenzen zur Verfestigung von Urteilen, Welt- und Gottesbildern sorgenvoll zu bewachen. Seitdem bin ich in jedem Jahr wieder hier, ermahne mich von Neuem und bitte dabei um den Beistand des Geistes Gottes – dem Begleiter in wirren Zeiten und der Kraft, die alles Feste durchdringt. Der Hymnus »Veni Sancte Spiritus« aus dem 13. Jahrhundert ist eines der großen Gebete um den Heiligen Geist, das auch im heutigen Ritus der Katholischen Kirche an Pfingsten vor dem Evangelium gesungen oder gebetet wird:

Komm herab, o Heilger Geist,
der die finstre Nacht zerreißt,
strahle Licht in diese Welt.

Komm, der alle Armen liebt,
komm, der gute Gaben gibt,
komm, der jedes Herz erhellt.

Höchster Tröster in der Zeit,
Gast, der Herz und Sinn erfreut,
köstlich Labsal in der Not.

In der Unrast schenkst du Ruh,
hauchst in Hitze Kühlung zu,
spendest Trost in Leid und Tod.

Komm, o du glückselig Licht,
fülle Herz und Angesicht,
dring bis auf der Seele Grund.

Ohne dein lebendig Wehn
kann im Menschen nichts bestehn,
kann nichts heil sein noch gesund.

Was befleckt ist, wasche rein,
Dürrem gieße Leben ein,
heile du, wo Krankheit quält.

Wärme du, was kalt und hart,
löse, was in sich erstarrt,
lenke, was den Weg verfehlt.
(...)[37]

Durchs Vomper Loch

Am nächsten Tag führt der Weg von der Hütte aus in 30 Minuten zum Überschalljoch, dem höchsten Punkt der Tour (1.910 m). Ein Marterl markiert den Übergang. Es öffnet sich ein neuer Raum in der Tiefe und Enge des Vomper Lochs, durch die der Steig führt. Einsam und lang ist der hier oben beginnende Weg. Mindestens 5 Stunden sind es bis zum Gasthaus Karwendelrast, durch eine wilde und ursprüngliche Landschaft, ohne bewirtschaftete Hütte. »Einer der faszinierendsten Abstiege im ganzen Kalkalpenbereich überhaupt, mit Worten nicht zu beschreiben«[38], so stellt Walter Pause in seiner klassischen Sammlung »Münchner Hausberge« das Vomper Loch vor.

Zunächst geht es über eine ebene Sumpfwiese, durch die ein Bach mäandert. Dann beginnt der steile Abstieg. Bei der Lochhütte (1.244 m) ist der Talboden erreicht. Der Pfad wechselt auf die orografisch rechte Talseite und führt zum Jagdhaus in der Au (1.077 m), einer alten Jägerhütte, die wunderschön liegt. Bis hier sind es 3 Stunden vom Halleranger. Die Rast hier sollte nicht zu ausgiebig ausfallen – das Vomper Loch ist noch lang und der Weg nach Georgenberg weit. Nach einer Bachquerung verläuft er über lange Zeit auf- und absteigend etwa 200 Meter über dem schluchtartigen Tal. Es gibt einige kurze drahtseilversicherte Felspassagen, von denen die aus 100 Steilstufen bestehende »Katzenleiter« nach knapp 2 Stunden vom Jagdhaus die letzte und exponierteste ist. Unten dann gibt es eisige Gumpen mit klarem, grünem Wasser. Einsam ist es hier.

Vorbei am Jagdhaus »Im Zwerchloch« geht es noch etwa 1,5 Stunden durch den Naßtalwald, von dem viele kleine Nebentäler ausgehen, bis zum Ende des Vomper Lochs am Gasthaus Karwendelrast. Auf nahezu gleicher Höhe führt ab hier der Alpsteig in einer Stunde nach Hinterwies (Wanderparkplatz Bärenrast). Dann folgt ein kurzer steiler Abstieg auf dem Adlerweg zu der Brücke über den Stallenbach. Vom Tal aus führt der kürzeste Weg nach St. Georgenberg durch die Wolfsklamm auch zu dieser Stelle. Nunmehr auf dem breiten Pilgerweg, geht es in einigen Serpentinen zu der Hohen Brücke über den Georgenbach, die seit dem Mittelalter den Zugang zum Kloster jenseits des exponierten Steigs durch die Felsen erst ermöglicht. 8–9 Stunden Gehzeit sind es vom Halleranger bis hierher.

Herbstlicht

St. Georgenberg gehört zu den meistbesuchten Wallfahrtsorten in den Alpen.[39] Es liegt exponiert über dem Inntal, aber vor allem verborgen im Fels und Wald. Nach der Gründungslegende bezog der Einsiedler Rathold von Aibling Mitte des 10. Jahrhunderts eine Höhle in unmittelbarer Nähe des heutigen Georgenbergs und baute später die erste Kirche, die er dem hl. Georg weihte. Auch die Kapelle »Unsere liebe Frau unter den Linden« soll durch Ratholds Initiative entstanden sein: Von einer Pilgerreise nach Santiago de Compostela brachte er ein Marienbildnis mit, das er unter einer Linde aufstellte. Seit etwa 1000

Lindenkirche

Jahren gibt es wahrscheinlich schon Pilgerfahrten nach Georgenberg. Aus dem Jahre 1310 ist das sogenannte »Blutwunder« überliefert: Einem auswärtigen Priester kamen während der Messfeier Zweifel an der Richtigkeit der Lehre von der Realpräsenz Christi in Wein und Brot, woraufhin der gewandelte Wein Farbe, Geruch und Geschmack von Blut angenommen haben soll. Spätestens seit dem 15. Jahrhundert tritt die Verehrung des heiligen Georg hinter der großen Bedeutung St. Georgenbergs als Marienwallfahrtsort zurück.

Ich gehe zu der etwas versteckt liegenden Lindenkirche, die im 14. Jahrhundert errichtet wurde und lange Zeit das sakrale Zentrum auf dem Georgenberg war, an dem sich die Pilger zum Gebet versammelten. Die Kirche liegt auf einem Absatz, der den Kirchplatz begrenzt und ihn räumlich abschließt. Ein geborgener Ort, der durch die ihn umgebenden alten Bäume, Felsen und Wasser dem idealen Typus der klassischen Sakrallandschaft entspricht. Alle drei Gestalten entspringen einer Tiefe, die jenseits der Grenze ihrer sichtbaren Erscheinung liegt.

In der Lindenkirche ist der Raum sparsam ausgeschmückt. Keine barocken Engelscharen. Ein Altar, ein Kreuz, Kerzen und die drei wunderschönen Fenster in der Apsis. Auf dem nördlichen mit der Verkündigungsszene ist in der Mitte der heilige Georg dargestellt, unterwegs im mondbeschienenen, nächtlichen Gebirge. Zu verschiedenen Zeiten des Tages sitze ich hier. Immer ist das Licht, das durch die Fenster eintritt, sanft und verborgen wie das erste Licht, das noch vor Sonnenaufgang aus den Bergen kommt.

Ich steige durch den Laubwald ab nach Stans, vorbei an der Wallfahrtskirche »Maria Tax«. Es ist die Jahreszeit, in der ich immer weiß, wo ich sein will:

Herbst

Die Blätter fallen, fallen wie von weit,
als welkten in den Himmeln ferne Gärten;
sie fallen mit verneinender Gebärde.

Und in den Nächten fällt die schwere Erde
aus allen Sternen in die Einsamkeit.

Wir alle fallen. Diese Hand da fällt.
Und sieh dir andre an: es ist in allen.

Und doch ist Einer, welcher dieses Fallen
Unendlich sanft in seinen Händen hält.

Rainer Maria Rilke[40]

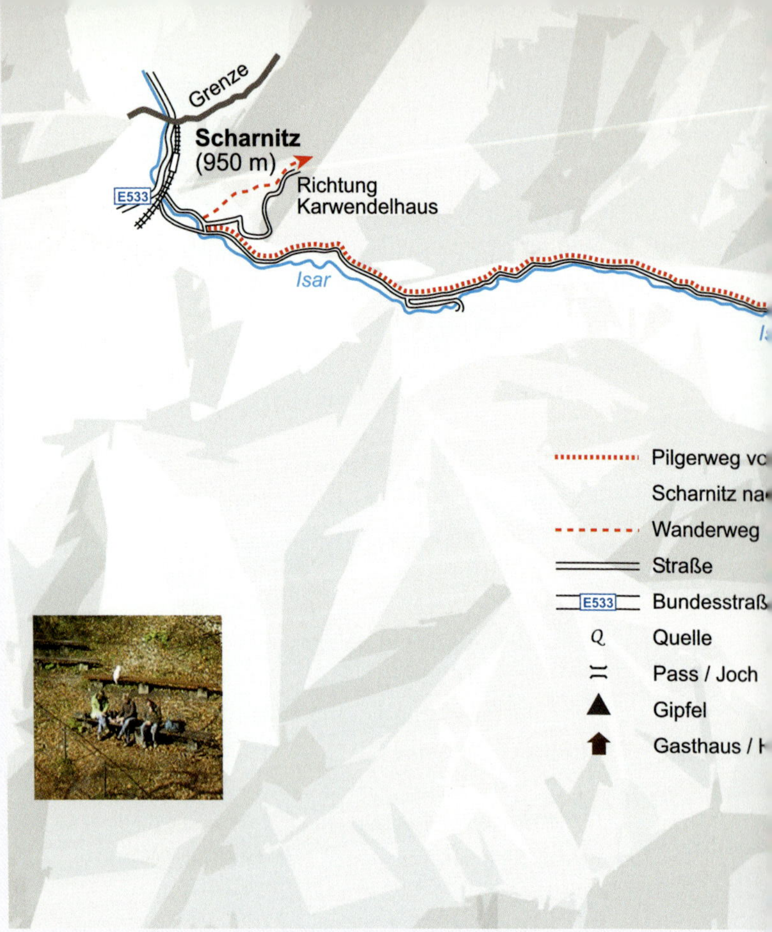

Ziel	St. Georgenberg (900 m)
Gebirgsgruppe	Karwendelgebirge
Höhenmeter	1. Tag 900 m, 2. Tag 400 m; direkter Anstieg von Stans 330 m
Distanz	45 km
Gehzeit	1. Tag: 5 Std.; 2. Tag: 8–9 Std. (10 Std., falls

am gleichen Tag noch Abstieg nach Stans);
evtl. 3. Tag: 1 Std.

Beste Jahreszeit: Mitte Juni bis Anfang Oktober, in schneearmen Wintern auch schon ab Anfang Juni (ggf. bei der Alm erfragen)

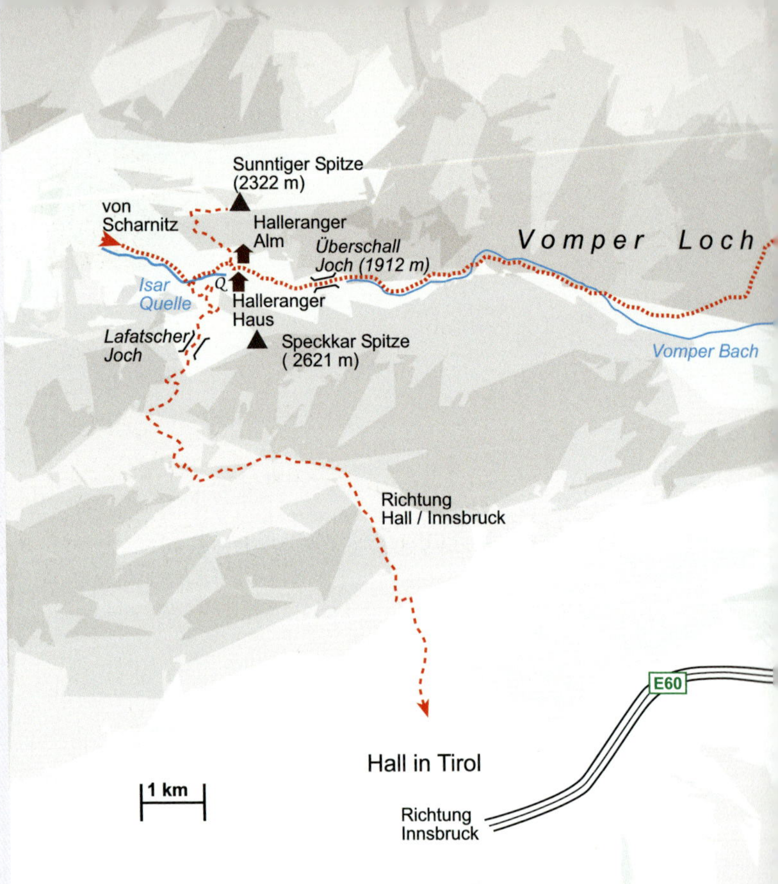

Schwierigkeiten/
Anforderungen

Der 2. Tag ist eine sehr lange Tour durch einsames Gelände, die im Vomper Loch Trittsicherheit und Schwindelfreiheit verlangt. Zwischen Halleranger und Gasthof Karwendelrast keine bewirtschaftete Hütte und kein Handyempfang! Das Vomper Loch

sollte nur bei trockener Witterung, auf keinen Fall bei starken Regenfällen oder Neuschnee, begangen werden. Falls auf dem Georgenberg nicht übernachtet werden kann, muss sehr früh auf dem Halleranger aufgebrochen werden.

Einstieg	Am Bahnhof in Scharnitz. Von hier der Hauptstraße durch den Ort 200 Meter nach Süden folgen, dann beginnt kurz hinter einer Brücke die kleine Straße in die Karwendeltäler. Dieser bis zum großen Parkplatz folgen, hier rechts halten ins Hinterautal.
Wegverlauf	Scharnitz (860 m) – Kastenalm (1.210 m) – Halleranger (1.780 m) – Überschalljoch (1.910 m) – Gasthof Karwendelrast (880 m) – Hinterwies (1.000 m) – St. Georgenberg (900 m) – Stans (563 m)
Hütten/ Übernachtungs-möglichkeiten	Halleranger Alm, bewirtschaftet von Ende Mai bis Anfang Oktober, Tel.: 0043-(0)5213/5277; Halleranger-Haus, Tel.: 0043-(0)5213/5326; Übernachtungsmöglichkeit auf St. Georgenberg: Anfrage an den Gastpater, Tel.: 0043-(0)5242/6327631, oder auch über die Homepage: www.st-georgenberg.at.
An-/Abfahrt	Scharnitz und Schwaz (im Inntal) sind sehr gut mit der Bahn zu erreichen. Zum Bahnhof von Schwaz sind es ab Stans noch etwa 40 Minuten zu Fuß, es fährt auch ein Bus. Mit dem PKW Autobahn bis Garmisch-Partenkirchen, dann über Mittenwald nach Scharnitz. Von Stans entweder über die Inntalauto bahn nach Norden oder über Zirl und Seefeld nach Scharnitz und Mittenwald.

Wegvariante

Vom Halleranger aus lassen sich mehrere sehr lohnende Karwendelgipfel besteigen. Besonders bieten sich der Sunntiger (2.321 m, 1,5 Std.) im Norden und die Speckkarspitze (2.621 m, 2,5 Std.) im Süden an. Beide Anstiege verlangen Trittsicherheit und Schwindelfreiheit. Der Anstieg zur Speckkarspitze führt zudem im oberen Teil durch steiles, felsdurchsetztes Schrofengelände mit leichten Kletterstellen im 1. Grad. Nur mit entsprechender alpiner Erfahrung und bei sicherem Wetter gehen! Der Steig zum Sunntiger beginnt unmittelbar nördlich der Halleranger Alm und führt durch steiles Grasgelände, Latschen und am Schluss Geröll zum Gipfel. Auf halber Strecke stehen eindrucksvolle, etwa 2 Meter hohe Steinmandl, die vermutlich schon vor langer Zeit von Hirten errichtet worden sind. Zur Speckkarspitze dem Weg nach Süden in Richtung Lafatscher Joch folgen. Kurz hinter dem sogenannten nördlichen Jochkreuz beginnt der Steig (Wegweiser!) zum Gipfel. Das Gelände wird nach oben hin steiler und felsiger.

Karte

Kompasskarte Karwendelgebirge (1:50.000) oder andere Wanderkarte vom Karwendel

Weiterführende Informationen

www.st-georgenberg.at

Der Weg der Barmherzigkeit –

Von Vent nach Unser Frau zu Schnals

Die Legende von einem verfluchten Ort

Auf den Pilgerweg von Vent nach Unser Frau im Schnalstal kam ich durch Zufall. Es war zunächst ein Hinweis im Buch des Völkerkundlers Hans Haid, »Mythos und Kult in den Alpen«[41], auf den ich aufmerksam geworden bin. Er berichtet von einem Menhir auf der Kaser über Vent, der der älteste sein soll, der nördlich des Alpenhauptkammes gefunden wurde.[42] Aufgrund einer Entstehungssage, die von der Geburt eines Kindes an diesem Ort berichtet, schließt Haid auf die Möglichkeit, dass hier »eine Kultstätte zu Ehren der rätischen Muttergottheit ›Rätia‹«[43]gewesen sein könnte und dass daraus eine christliche Wallfahrt geworden sei.[44] Als ich in Vent nachfragte, wusste man dort nichts von einer Wallfahrt zur Kaser, aber es gebe eine von Vent nach Unser Frau. Diese wurde durch den Söldener Pfarrer Josef Singer erst im Jahre 1990 eingeführt. Es handelt sich dabei um eine Männerwallfahrt, die seitdem in der Regel alle drei Jahre, zuletzt 2007, durchgeführt wird. Die Männer pilgern am Samstag nach Fronleichnam nach einer Andacht in der Pfarrkirche Vent zur Kaser, machen als Nächstes Station in der Nähe der Martin-Busch-Hütte, dann auf dem Niederjoch bei der Similaun-Hütte, um schließlich abzusteigen und in Unser Frau bei der »Gnadenmutter Maria von Schnals« ihren Weg zu beenden. Diese kleine Muttergottesstatue, die mit ihrem Kind auf einem Thron sitzt, ist ein spätromanisches Kunstwerk des ausgehenden 13. Jahrhunderts.[45] Am Sonntag nehmen die Männer noch an der Fronleichnamsprozession in Unser Frau teil.

Was Pfarrer Singer mit seinen Männern auf diesem Weg thematisiert, weiß ich nicht. Ich jedenfalls gehe mit einer Frage diesen Pilgerweg an, die sich mir beim Lesen der Entstehungssage über die Kaser aufgedrängt hat. In dieser Sage wird von einer armen Wanderfamilie mit noch schwangerer Mutter erzählt, die vom Tal herauf übers Niederjoch hinunter ins Schnalstal und weiter in den Vinschgau wollte. Auf der Alm baten die armen Leute um Unterkunft für die Nacht. Der Oberhirte und die Almleute jagten sie aber weiter, nur ein Schäfer ließ sie, nass und frierend, draußen bei den Schafen und Geißen im Stall übernachten. In der Nacht gebar die Mutter ihr Kind, was die Almleute nicht daran hinderte, die Familie am nächsten Tag fortzujagen. Der Vater verfluchte daraufhin die Almleute mit den Worten: »So sollt ihr Schäfer bleiben bis zum Gericht Gottes und nie mehr Kuhhirten und Ochsner sein. Das Gras dieser Alm soll kein Rind mehr nähren!« Und seitdem können auf der ehemals blühenden Alm keine Kühe mehr weiden, sondern nur noch Schafe.[46]

Die Erinnerung an die Geburtsgeschichte Jesu im Lukasevangelium (Lk 2,1–20) drängt sich auf. Auch hier wird einer hochschwangeren Frau der Zutritt verwehrt, und sie muss in unwirtlicher Umgebung gebären. Der Unterschied: Im Evangelium ist nicht von einer Verfluchung der Herbergswirte und von Strafe die Rede wie in der Sage. Vielmehr wird von Rettung, Friede und Freude erzählt.

Die Fragen, die sich mir aufgedrängt haben, stelle ich mir nun bewusst in der schönen, der Landschaft angepassten Barockkirche von Vent:

Welche Umstände oder Situationen, welche Menschen passen mir nicht in meinem Leben? Was verärgert mich, was verurteile ich? Was verfluche ich? Welche Lebensstationen gibt es vielleicht, die schlecht waren und die ich noch in der Erinnerung verfluche? Wo fühle ich mich unzufrieden? Spüre ich in mir vielleicht auch schon Verbitterung?

Ich merke, dass ich mich, wenn ich mich ärgere, sogar noch in diese Verärgerung hineinsteigere und dann keinen Ausweg daraus finde, dass da Unzufriedenheit und Verbitterung nicht weit weg sind. Ich spüre es auch an meiner Hilflosigkeit, wenn ich Menschen begegne, die selbst verbittert über andere schimpfen, die diese, aber auch sich selbst und ihr eigenes Leben verfluchen. Das raubt mir den Atem und meine Lebendigkeit! Unheile Lebenssituationen sind das! Wie kann ich sie wandeln?

Die Pfarrkirche von Vent

Etwas schwer im Gemüt mache ich mich auf den Weg durch den Ort. Gleich nach den letzten Häusern von Vent (ca. 1.900 m), wo die Rofen-Ache mit der dem Niederjochferner entspringenden Spiegel-Ache zusammenfließt, tauche ich mit meinen Gedanken ein in das Rauschen des Wildbachs. Die Schwere weicht zurück, vorerst zumindest, hinter das Tosen der Fluten und die Anstrengung des ersten Anstiegs.

Am Ort der Verfluchung

Nach knapp eineinhalb Stunden weitet sich die Landschaft in einer Höhe von 2.150 m etwas mehr als im bisherigen Wegverlauf. Der Blick öffnet sich in Richtung Gletscherberge, sogar wenn der Himmel wolkenverhangen ist. Man kann ein Holzdach erahnen etwas links unterhalb des Wegverlaufs. Ich beschleunige meinen Schritt. Ist dort der Ort des alten Kultheiligtums, das Haid in seinem Buch nennt?

Blick auf Kaser und Similaun

Tatsächlich, der Menhir steht unmittelbar rechts neben dem Weg. Etwas unterhalb ist ein Hinweisschild zum Archäologischen Wanderweg, das von der Legende über die verfluchte Alm auf der Kaser, auch Ochsenleger genannt, berichtet. Ein paar Schritte entfernt entpuppt sich das Holzdach als kleine Kapelle. Eine Tafel nennt ihren Namen: »Mutter Anna auf der Kaser«, und dass sie 1981 von sieben namentlich genannten Bergführern errichtet worden ist. In der Nähe findet man auch einen einer großen Tischplatte ähnelnden Fels, der unterhöhlt ist. Man spricht davon, dass hier einmal eine heilige Quelle war.[47] Gut ist es, finde ich, dass der Eingang der Kapelle vom Weg abgewandt ist. Eine Bank lädt zur Pause ein, und ich genieße, den Blick in Richtung des vergletscherten Similaun gerichtet, einfach nur die Ruhe des Ortes, den Wind sowie das entfernte Rauschen des Baches.

Der Menhir

In der Harmonie dieses Augenblicks kommt mir die Sage wieder in den Sinn, nach der dieser Ort ein verfluchter Ort sein soll. Ich verstehe die Verbitterung des Mannes, der die Almleute verflucht, wohl auch aus Angst um seine Frau und das Neugeborene. Ich versuche, mich außerdem in die Hirten hineinzuversetzen. Sie haben womöglich einen schweren Arbeitstag hinter sich, sie sitzen jetzt gemütlich beisammen, unterhalten und entspannen sich, und da platzt plötzlich jemand Fremdes herein und will etwas. Ich muss aus dem Gewohnten raus, mich neu einstellen. Fällt das immer so leicht? Will ich zunächst nicht lieber alles, was da auf mich zukommt, gar nicht an mich ranlassen? Es stört! Ich will meine Ruhe haben! Was soll das alles? Und sie jagen die Leute weiter.

Wen habe ich in meinem Leben weggeschickt, nicht akzeptiert, nicht toleriert? Wen habe ich vielleicht auch verflucht? Wer hat mir Mühe gemacht, sodass ich an ihm fast oder tatsächlich verzweifelt bin und lange Zeit brauchte, Lebenszeit dahingab, um wieder auf die Beine zu kommen, neuen Mut, neuen Lebensmut zu schöpfen?

Ich finde, es werden typisch menschliche Beweggründe in dieser Sage aufgegriffen, die zu Konflikten führen können. Diese reichen nicht selten über das individuelle Leben eines Menschen hinaus und können Gemeinschaften und Lebensumstände auf lange Zeit belasten, ja vergiften.

Es erscheint mir sinnvoll, dass gerade an diesem Ort eine christliche Kultstätte errichtet worden ist. Ich sehe darin einen Hinweis, dass alles Verfluchte des Lebens auch zum Positiven gewandelt werden kann, dass der Weg zum Heil nicht verschlossen bleibt. Nicht Verfluchung und Verurteilung, sondern Annahme und Verwandlung!

Einen anderen Umgang mit Schuld zeigt auch Jesus. Exemplarisch fällt mir dazu seine Begegnung mit der Sünderin ein, von der das Lukasevangelium (Lk 7,36–50) erzählt:

»Jesus ging in das Haus eines Pharisäers, der ihn zum Essen eingeladen hatte, und legte sich zu Tisch. Als nun eine Sünderin, die in der Stadt lebte, erfuhr, dass er im Haus des Pharisäers bei Tisch war, kam sie mit einem Alabastergefäß voll wohlriechendem Öl und trat von hinten an ihn heran. Dabei weinte sie, und ihre Tränen fielen auf seine Füße. Sie trocknete seine Füße mit ihrem Haar, küsste sie und salbte sie mit dem Öl. Als der Pharisäer, der ihn eingeladen hatte, das sah, dachte er: Wenn er wirklich ein Prophet wäre, müsste er wissen, was das für eine Frau ist, von der er sich berühren lässt; er wüsste, dass sie eine Sünderin ist. Da wandte sich Jesus an ihn und sagte: Simon, ich möchte dir etwas sagen. Er erwiderte: Sprich, Meister! (Jesus sagte:) Ein Geldverleiher hatte zwei Schuldner; der eine war ihm fünfhundert Denare schuldig, der andere fünfzig. Als sie ihre Schulden nicht bezahlen konnten, erließ er sie beiden. Wer von ihnen wird ihn nun mehr lieben? Simon antwortete: Ich nehme an, der, dem er mehr erlassen hat. Jesus sagte zu ihm: Du hast recht. Dann wandte er sich der Frau zu und sagte zu Simon: Siehst du diese Frau? Als ich in dein Haus kam, hast du mir kein Wasser zum Waschen der Füße gegeben; sie aber hat ihre Tränen über meinen Füßen vergossen und sie mit ihrem

Haar abgetrocknet. Du hast mir (zur Begrüßung) keinen Kuss gegeben; sie aber hat mir, seit ich hier bin, unaufhörlich die Füße geküsst. Du hast mir nicht das Haar mit Öl gesalbt; sie aber hat mir mit ihrem wohlriechenden Öl die Füße gesalbt. Deshalb sage ich dir: Ihr sind ihre vielen Sünden vergeben, weil sie (mir) so viel Liebe gezeigt hat. Wem aber nur wenig vergeben wird, der zeigt auch nur wenig Liebe. Dann sagte er zur ihr: Deine Sünden sind dir vergeben. Da dachten die anderen Gäste: Wer ist das, dass er sogar Sünden vergibt? Er aber sagte zu der Frau: Dein Glaube hat dir geholfen. Geh in Frieden!«

Eine Frau, eine Sünderin heißt es, entblößt sich. Sie kann weggestoßen, verflucht werden. Sie wird von Jesus aber angenommen und in den Frieden, ins Heil entlassen.

Eine Ahnung breitet sich in mir aus, dass es möglich sein kann, sich mit den schmerzlichen Seiten des Lebens sowie den eigenen Schattenseiten doch auszusöhnen und Verfluchungssituationen in Heilssituationen zu verwandeln. Eine innere Weite, die aufatmen lässt, wird bei diesem Gedanken spürbar.

Ich reiße mich aus meinen Gedanken heraus und setze meinen Weg fort, den Blick immer wieder auf den Similaun, aber auch nach innen gerichtet.

Ein Fels am Wegrand mit klarer Wegrichtungsangabe erweckt meine Aufmerksamkeit. Ich denke an den Menhir auf der Kaser. Ob der hier wohl auch von Menschenhand aufgestellt worden ist, ein weiterer heiliger Ort, um den sich Legenden ranken? Oder ist er »nur« natürlich, zufällig so »gewachsen«? Lässt man sich ein-

Ein Fels als Wegweiser

mal auf so ein Gedankenkonstrukt ein, schaut man und sucht man, ob man weitere solcher Orte findet. Die Gefahr ist gegeben, sich in Spekulationen nach ausgezeichneten Orten zu verlieren und dabei zu vergessen, dass jeder Ort in gleicher Weise Gottes Schöpfung ist und zu einem heiligen Ort, einem Ort der Begegnung mit ihm werden kann. An manchen Orten fällt es uns vielleicht nur leichter, uns von ihm berühren zu lassen, als an anderen.

Der Beginn einer Wandlung

Nach knapp zwei Stunden komme ich wieder einmal um einen der vielen Rücken auf diesem Wegabschnitt herum, da steht plötzlich 200 Meter vor mir die Martin-Busch-Hütte (2.501 m).

Bei der Hütte überlege ich, wo ich mir die nächste Station einrichte. Nicht weit entfernt fällt mir beim Blick auf den weiteren Wegverlauf ein markanter Übergang von mit

Übergang vom Grün ins Grau

fruchtbarem Grün durchsetzter Landschaft ins reine Grau felsigen Gerölls auf. Im Übergangsbereich befindet sich eine Gedenktafel, welche an einen Egon Scheiber erinnert und das bekannte Zitat des Innsbrucker Altbischofs Reinhold Stecher trägt: »Viele Wege führen zu Gott, einer geht über die Berge.« Der Niederjoch-Bach plätschert als silbrig glänzendes Band vorbei. Er kommt aus dem Gletscher des Niederjochferners. Und da oben, ist das nicht schon das Niederjoch mit der Similaun-Hütte?

Nur das Rauschen des Wassers ist vernehmbar und der sanfte Hauch des Windes. Der Prophet Elija kommt mir in den Sinn und das, was er auf dem Berg Horeb erlebt (1 Kön 19,11–13):

»Der Herr antwortete: Komm heraus, und stell dich auf den Berg vor den Herrn! Da zog der Herr vorüber: Ein starker, heftiger Sturm, der die Berge zerriss und die Felsen zerbrach, ging dem Herrn voraus. Doch der Herr war nicht im Sturm. Nach dem Sturm kam ein Erdbeben. Doch der Herr war nicht im Erdbeben. Nach dem Beben kam ein Feuer. Doch der Herr war nicht im Feuer. Nach dem Feuer kam ein sanftes, leises Säuseln. Als Elija es hörte, hüllte er sein Gesicht in den Mantel, trat hinaus und stellte sich an den Eingang der Höhle.«

Das Säuseln des Windes ist es, was der Prophet als Zeichen der Gegenwart Gottes deutet. So umfangen von diesem Säuseln stehe auch ich jetzt da, von der Sonne beschienen. Ja, auch hier ist ein Ort des Erschauerns vor dem Göttlichen.

Welche Bedeutung haben da noch Groll, Hass und Vorurteile? Die Zwiespältigkeit des Lebens wird offenbar. Auf der einen Seite ich als kleiner Mensch in dieser weiten, wüsten Karg- und Gletscherlandschaft, die Höhe der Berge, die mich um ein Vielfaches überragen. Wie

Gott ist in der Sanftheit, im Säuseln des Windes

klein bin ich da. Wie klein sind da meine Sorgen, Probleme und Vorurteile? Auf der anderen Seite ist da die Ahnung *seiner* Gegenwart in meinem Innersten, die mich über alle Maßen erhöht, mich stark macht, mir meine Würde zukommen lässt, eine Würde, die dem Menschen einen unendlichen Wert verleiht.

Wie kann ich dann andere Menschen, die von der gleichen Würde geprägt sind, nieder-, kleinmachen? Gott schaut mich an. Er sagt Ja zu mir in seiner Liebe. Das erhebt mich unendlich. Das macht mich groß, lässt mich meine Würde spüren. Ich brauche nicht auf andere herabzuschauen. Das habe ich gar nicht nötig. Von seiner Liebe durchdrungen, kann ich auch meine Missgunst, meinen Hass anderen gegenüber wandeln, hin zur Annahme, zur Liebe.

Diesen Gedanken möchte ich auf dem kommenden Weg sacken lassen, tief in mich einwirken lassen: Ich bin von *ihm* geliebt, von *ihm* angeschaut, von *ihm* akzeptiert. Ich darf sein. Und so kann ich auch die anderen sein lassen.

Da berühren sich Himmel und Erde

Nach gut zwei weiteren Stunden komme ich auf dem Niederjoch bei der Similaun-Hütte an. Dahinter geht es steil hinab und in einem tiefen Türkisblau liegt der Vernagt-Stausee weit unten. Ein eindrucksvolles Bild, ein starker Übergang! Am Niederjoch neben der Hütte ist eine Kapelle, die auch als Matratzenlager genutzt wird. Im ersten Stock in einem hinteren, abgesperrten Raum befindet sich ein schöner, holzgeschnitzter Altar, den vor ca. 70 Jahren ein Bergführer heraufgetragen hat. Ein Anliegen des Hüttenwirtes ist es, den Altar in die Hütte zu bringen, einen Raum dafür zu schaffen, sodass dort zu gegebenen Zeiten Eucharistie gefeiert werden könnte.

Interessant finde ich, dass an diesem Übergang, wo immer schon Steinmandl oder »Hermen« im Anklang an den Götterboten Hermes, dem Boten zwischen dem Jenseits und dem Diesseits, gestanden haben, ein christliches Heiligtum erbaut worden ist.

Bedeutet dieser Übergang für mich nun auch einen in einen neuen Lebensabschnitt, in dem ich mich mehr getragen fühle von der Liebe Gottes? Selbstbewusster,

Blick hinab durch Steinmandl

selbstbestätigter, mir meiner Fähigkeiten, meiner Kraft und meiner Stärke mehr bewusst, sodass ich es nicht nötig habe, mich abzugrenzen von den anderen, sie niederzumachen, sie im Voraus zu verurteilen?

Ich singe plötzlich ein Lied leise vor mich hin: »Wo Menschen sich verbünden, den Hass überwinden und neu beginnen, ganz neu; da berühren sich Himmel und Erde, dass Frieden werde unter uns, da berühren sich Himmel und Erde, dass Frieden werde unter uns.«[48]

Vergewisserung

Rapide verlässt man im Abstieg die Gletscherregion und den Similaun. Der Weg bergab führt bald über wasserreiche Almweiden dem fantastisch gefärbten Vernagt-See entgegen. »Da berühren sich Himmel und Erde« in diesem wunderschönen Hochtal, das sich hinabzieht mit farbigen Blumenfeldern, mäanderndem Bach, kunstvoll aufgerichteten Steinmandln, seinen Tief- und Weitblicken.

Plötzlich öffnet sich der Blick auf Ort und Kirche Unser Frau. Es dauert aber noch eine Weile, bis man über die Staumauer und auf einem schönen Pfad durch bergenden Wald dort ankommt.

Immer wieder überrascht mich die Stille in Kirchen, wie auch jetzt die in der Wallfahrts- und Pfarrkirche Unser Frau. Nur Vogelgezwitscher dringt von außen herein. Mir wird noch einmal bewusst, dass der gesamte Weg ein Weg zu mehr psychischem Wohlbefinden war, je mehr ich mich Gottes liebender Nähe in der Schöpfung und in mir vergewissern und sie empfinden konnte. Wie viele andere in der über 700-jährigen Wallfahrtsgeschichte dieses Ortes komme nun auch ich mit einer persönlichen Bitte zur »Gnadenmutter von Schnals«: Gottes Zusage, dass ich in seinen Augen teuer und wertvoll bin und dass er mich liebt[49], möge mir vor allem auch in Krisenzeiten bewusst bleiben und mich aufbauen. Er möge verhindern, dass ich verbittere und verfluche, und möge mir stattdessen helfen, dass ich durch Hoffnung und Zuversicht immer wieder meine Lebendigkeit in seiner Gegenwart suche und finde.

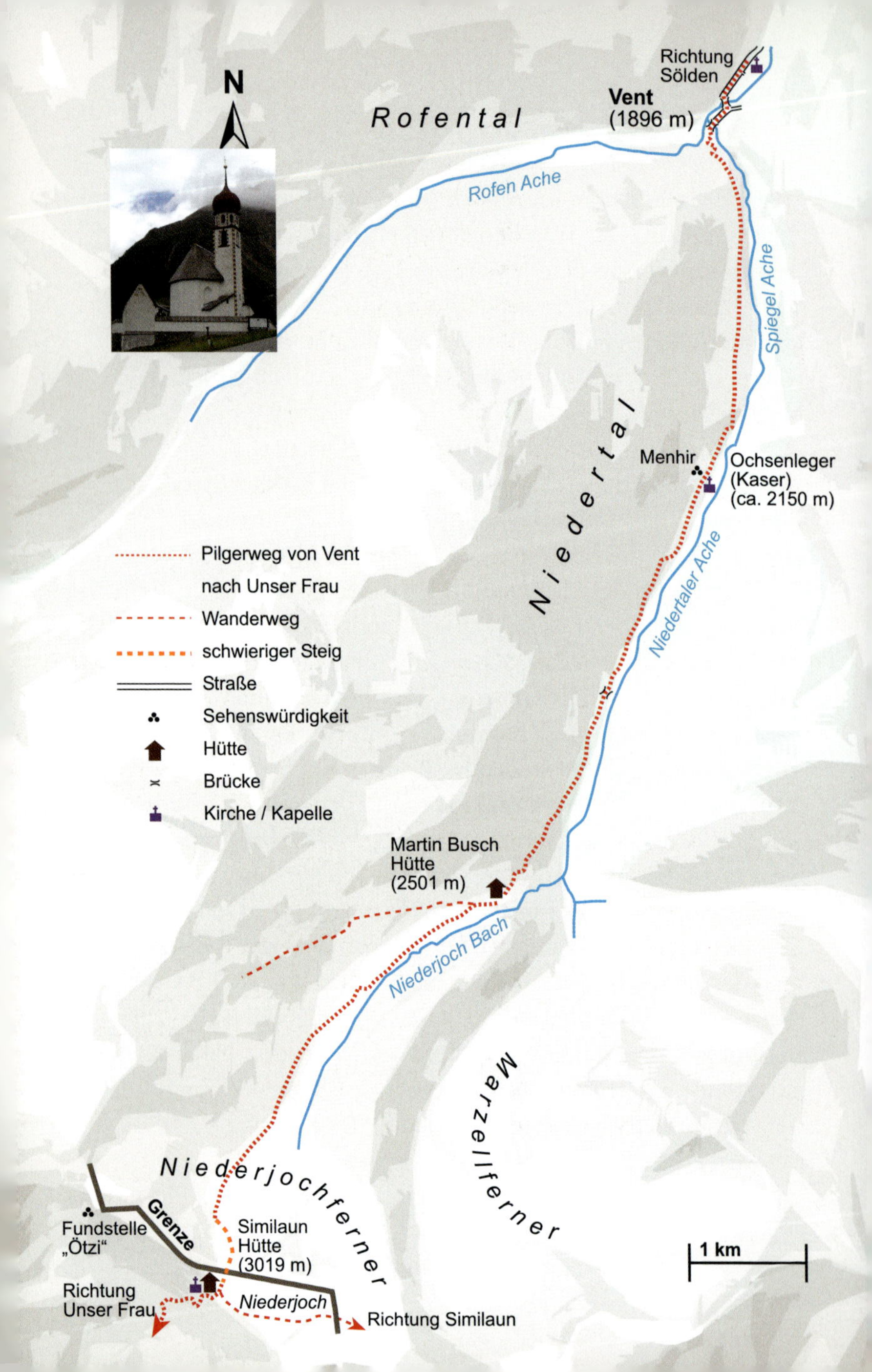

N
Rofental
Vent
(1896 m)
Richtung
Sölden
Rofen Ache
Spiegel Ache
Niedertal
Menhir
Ochsenleger
(Kaser)
(ca. 2150 m)
Niedertaler Ache
Pilgerweg von Vent
nach Unser Frau
Wanderweg
schwieriger Steig
Straße
Sehenswürdigkeit
Hütte
Brücke
Kirche / Kapelle
Martin Busch
Hütte
(2501 m)
Niederjoch Bach
Marzellferner
Niederjochferner
Fundstelle
„Ötzi"
Grenze
Similaun
Hütte
(3019 m)
Richtung
Unser Frau
Niederjoch
Richtung Similaun
1 km

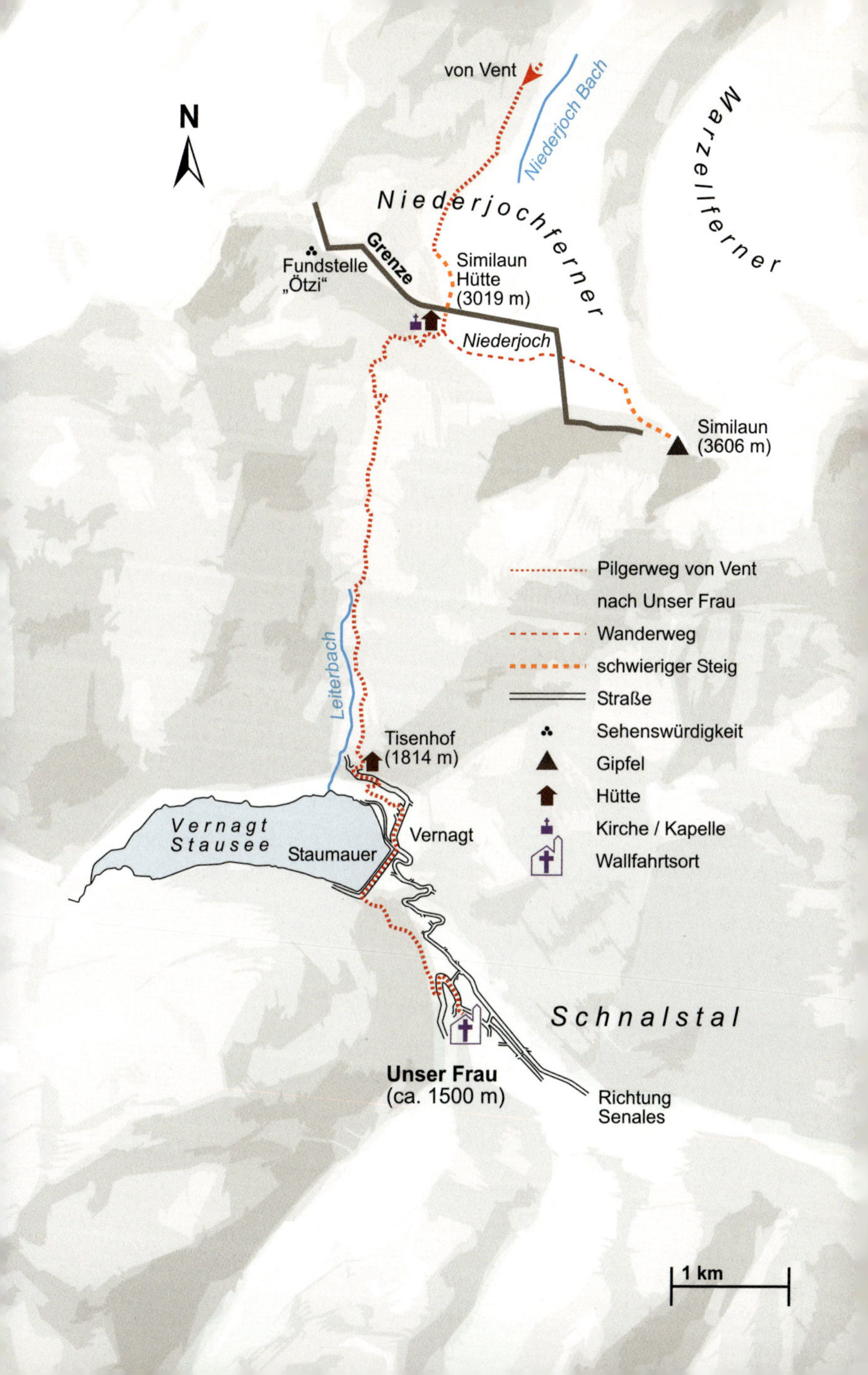

N
von Vent
Niederjoch Bach
Marzellferner
Niederjochferner
Grenze
Fundstelle
„Ötzi“
Similaun
Hütte
(3019 m)
Niederjoch
Similaun
(3606 m)
Pilgerweg von Vent
nach Unser Frau
Wanderweg
schwieriger Steig
Straße
Sehenswürdigkeit
Gipfel
Hütte
Kirche / Kapelle
Wallfahrtsort
Leiterbach
Tisenhof
(1814 m)
Vernagt
Stausee
Staumauer
Vernagt
Schnalstal
Unser Frau
(ca. 1500 m)
Richtung
Senales
1 km

Ziel	Wallfahrtskirche Unser Frau zu Schnals (ca. 1.500 m)
Gebirgsgruppe	Ötztaler Alpen
Höhenmeter	ca. 1.150 m im Aufstieg, 1.500 m im Abstieg
Distanz	ca. 20 km
Gehzeit	7–9 Std.
Beste Jahreszeit	Juli bis September/Oktober
Schwierigkeiten/ Anforderungen	Konditionell anspruchsvolle Tour; erster Teil des Abstiegs hinter der Similaun-Hütte erfordert Trittsicherheit
Einstieg	Vent im Ötztal (1.900 m)
Wegverlauf	Pfarrkirche Vent (1.900 m) – Martin-Busch-Hütte (2.501 m) – Similaun-Hütte (3.019 m) – Vernagt – Staumauer – Unser Frau (1.500 m)
Hütten/ Übernachtungsmöglichkeiten	In den Orten; Martin-Busch-Hütte; Similaun-Hütte
Anfahrt	Mit PKW Autobahn A 12 Innsbruck – Landeck, Ausfahrt Ötztal nach Vent oder Pfronten – Reutte über Fernpass und Imst – A 12 oder Garmisch-Partenkirchen – Ehrwald – Lermoos – Fernpass – Imst – A 12 (vignettenfrei von Imst die B 171 bis Ötztal). Mit der Bahn über Innsbruck bis Bahnhof Ötztal, mit dem Bus weiter bis Sölden und dort nach Vent; von Unser Frau mit dem Bus nach Naturns und mit der Bahn über Meran nach Österreich und Deutschland.
Wegvariante	Von der Similaun-Hütte auf den Similaun

	(3.599m, Gletscherausrüstung erforderlich) oder zur »Ötzi«-Fundstelle beim Tisenjoch (3.208 m)
Karten	Tabacco 04, Schnalstal, 1:25.000; Alpenvereinskarte 30/1, Ötztaler Alpen. Gurgl, 1:25.000
Weiterführende Informationen	www.vent.at; www.suedtirolerland.it/de/urlaubsziele-in-suedtirol/schnalstal/unser-frau.html

Glaube und wirtschaftliche Gerechtigkeit –

Von Holzgau zu den Lorettokapellen in Oberstdorf

Wirtschaftsbeziehungen und Wallfahrt

Bei herrlichstem Herbstwetter mache ich mich auf den Weg von der Holzgauer Pfarrkirche Maria Himmelfahrt (1.103 m) im Lechtal Richtung Norden. Nach wenigen Metern schon, noch im Ort, begegnet mir der Name meines Pilgerzieles: Unter blauem Himmel, inmitten von durch das Sonnenlicht in warme Farben getauchten Bäumen, stehe ich vor einem mit »Oberstdorfplatz« gekennzeichneten Brunnen mit Madonnenstatue. Eigentlich ist es aber nicht der Ort selbst, Oberstdorf, wohin ich will, sondern vielmehr die vor ihm gelegenen Lorettokapellen, von denen gesagt wird, dass sie »eine der reizvollsten Baugruppen der süddeutschen Sakralarchitektur«[50] seien.

Eine große Dürre im Jahr 1665 bewegte die Lechtaler erstmals zu einem Bitt-Kreuzgang über das Mädelejoch hinüber zu dem aus der Zeit um 1500 stammenden

Die drei Kapellen am Ziel vor Oberstdorf: links die Appachkapelle, rechts die Loretto-(Marien-)Kapelle, im Hintergrund die Josefskapelle

Gnadenbild einer Madonnenfigur mit Kind. Zunächst hatte dieses in der Appachkapelle gestanden, bevor es in die daneben neu und größer errichtete Kapelle Maria Loretto überführt wurde. Dieser Neubau war eine Reaktion auf den wachsenden Lorettokult nach dem Dreißigjährigen Krieg. Dass die Oberstdorfer 1673 übrigens auch zu einem Kreuzgang nach Holzgau aufgebrochen sind, lässt darauf schließen, dass schon damals über die Wallfahrt hinaus Beziehungen zwischen den beiden Ortschaften bestanden haben, die sich aber wohl eher auf geschäftlicher und zwischenmenschlicher Ebene abgespielt haben. So vermutet auch der Oberstdorfer Pfarrer Peter Guggenberger die eine oder andere Liebesbeziehung, die Menschen zwischen den Ortschaften in Bewegung gesetzt haben. Den Wallfahrern von 1665 war jedenfalls, was ihr Anliegen betrifft, Glück beschieden. Auf ihrem Rückweg begann es zu regnen – ein Zeichen für sie, die Wallfahrt zu wiederholen. Zusätzlich zu allem sonstigen Verkehr über diesen Alpenweg ist auf diese Weise eine Wallfahrtstradition entstanden, die zwar immer wieder unterbrochen, zuletzt aber 1992 vom Holzgauer Pfarrer Markus Sommer und 1996 von Guggenberger neu belebt wurde.

Der Wirtschaftsgedanke lässt mich so im Nachsinnen über verschiedene historische Daten nicht los. Mir fallen die Lüftlmalereien auf den Holzgauer Häusern wieder ein, die doch auf einen gewissen Wohlstand der Bewohner schon in früheren Zeiten schließen lassen. Da liegt die Vermutung nahe, dass es Geldverleihgeschäfte vom reichen Holzgau nach Oberstdorf und andere wirtschaftliche Beziehungen, teilweise wohl auch Schmuggleraktionen waren, die Menschen von der einen zur anderen Seite dieser Gebirgskette getrieben und zusammengeführt haben. Wirtschaftsorientiertes Verhalten hat also durchaus etwas Menschenverbindendes an sich. Da passt eine Wallfahrt mit gemeinsamem Gottesdienst ganz gut mit ins Bild. Wirtschaftsbeziehungen über den Berg haben heute keine so große Bedeutung mehr, außer vielleicht was den Tourismus betrifft. Aber die Wallfahrt führt die Menschen der beiden Orte auch heute noch zusammen.

Wirtschaftliche Verbindungen führen Menschen zusammen. Wirtschaftliche Gesichtspunkte kommen auch ins Spiel, wenn man das Wallfahrtswesen selbst betrachtet. Wallfahrer brauchen Unterkunft und Verpflegung, einen Ort, der sie anzieht und auch genügend Platz bietet. Also müssen Wallfahrtskapellen und -kirchen gebaut und später restauriert werden. Da fällt mir eine Anmerkung im Führer zu den Lorettokapellen ein: Während der Säkularisation wären diese beinahe abgerissen worden. Weil aber der Erlös für die wieder gewonnenen Baumaterialien weniger eingebracht, als der Abriss gekostet hätte, blieben die Kapellen verschont.[51] Wirtschaftliche Kriterien haben gegenüber der Ideologie bzw. Politik die Oberhand behalten. So scheint es heute vielfach auch zu sein, nicht immer allerdings mit so positiven Auswirkungen wie in diesem Fall. Das Notwendige und den Menschen Dienende im Wirtschaftsgeschehen gerät leicht in Vergessenheit bei Nachrichten über Millionen-, ja Milliardenpleiten von Banken, Unternehmen und Privatleuten, sowie über staatliche Unterstützungen in gleicher Höhe, um das Schlimmste zu verhindern. Woher kommt das ganze Geld eigentlich? Mir wird fast ein bisschen schwindelig. Dabei habe ich festen Boden unter meinen Füßen und bin gerade nicht atemberaubenden Tiefblicken ausgesetzt.

Wirtschaftliche Überlegungen auf einem Pilgerweg? Warum nicht? Pilgern hat ja durchaus auch den Sinn, sich mit dem zu konfrontieren, was einen zu dem macht, was man ist. Mir zumindest ist oft gar nicht bewusst, wie sehr mich mein Verhältnis zu Geld, Konsum und Besitz persönlich prägt und wie stark die Globalisierung des Wirtschafts- sowie Finanzgeschehens ins tägliche Leben eingreift. Dennoch richte ich jetzt, ein wenig überrascht über die Entwicklung meiner Gedanken, mein Augenmerk auf den Weiterweg.

Licht und Finsternis

Ich lasse die letzten Häuser schnell hinter mir, und bald geht die Teerstraße in einen Forstweg über. Der Wald wird dichter. Ständig begleitet mich nun der Höhenbach, auch wenn ich sein Rauschen nicht immer höre. Immer wieder wird es unsagbar still, wenn eine Kuppe die Schallwellen schluckt. Zum zweiten Mal überquere ich seit meinem Abmarsch von der Holzgauer Kirche eine Brücke, und mein Weg führt durch ein vom Höhenbach tief eingeschnittenes Tal. Die Felswände und steilen Waldhänge links und rechts von mir beengen mich. Das beim Brunnen vorhin als so wohltuend empfundene Sonnenlicht ist hier ausgesperrt. Eine für mich düstere Atmosphäre umgibt mich. Ist es noch der Nachklang meiner Gedanken zu den Wirtschaftspleiten, fühle ich mich davon gar bedroht? Zu Recht?

Ich erinnere mich an eine Stelle im Evangelium, in der Jesus mit einem Vergleich spielt. Licht und Finsternis stellt er in eine Beziehung zu Gottes- und Mammondienst:

Ende August wird das Wallfahrtskreuz bei der Wallfahrt von Holzgau nach Oberstdorf gebracht, wo es bis Ende Juni/Anfang Juli des darauffolgenden Jahres bleibt. Bei der »Gegenwallfahrt« wird es von den Oberstdorfern zurückgetragen.

»Das Auge gibt dem Körper Licht. Wenn dein Auge gesund ist, dann wird dein ganzer Körper heil sein. Wenn aber dein Auge krank ist, dann wird dein ganzer Körper finster sein. Wenn nun das Licht in dir Finsternis ist, wie groß muss dann die Finsternis sein! Niemand kann zwei Herren dienen; er wird entweder den einen hassen und den anderen lieben, oder er wird zu dem einen halten und den anderen verachten. Ihr könnt nicht beiden dienen, Gott und dem Mammon.«

(Mt 6,22–24)

Mit welchem Auge schaue ich Welt, Menschen und mein Leben an? Ist das Glas für mich eher halb voll oder halb leer, suche ich tendenziell lieber das Positive und denke mehr lösungsorientiert, oder sehe ich überall erstmal nur Probleme?

»Wenn nun das Licht in dir finster ist« – dann sehe, spüre ich nicht mehr die Sonne hinter den Bergrücken, kreise nur um mich selbst, verfange mich in den alltäglichen, oft eintönigen Belastungen, die mich trostlos stimmen, und habe keine Aussicht auf eine Verbesserung der Situation, oder vielmehr nicht einmal die Kraft, um darauf zu hoffen.

Jesus weist wohl mit diesem Wort auf die Befindlichkeit des Geistes hin und meint damit Denkgewohnheiten und Lebenseinstellungen. Finster ist mein Geist, wenn er nicht von der Gegenwart Gottes und seiner Liebe in mir und um mich erhellt wird. Er läuft dann auch Gefahr, »Schlimmes« zu tun.[52]

Weg zum Mädelejoch

Zudem setzt Jesus das Gegensatzpaar »Licht und Finsternis« mit der persönlichen Einstellung zu Besitz in Beziehung, wenn dieser mein Denken und Leben dominiert und die Liebe, die aus dem Vertrauen in Gott entspringt, zurücktritt oder sich gar nicht erst entfalten kann. Er warnt vor den sittlichen Gefahren des Reichtums.[53] »Ihr könnt nicht beiden dienen, Gott und dem Mammon.« Eine Fixierung auf die irdischen Güter verdunkelt den menschlichen Geist, lässt ihn an seinem Lebenssinn vorbeigehen. Jesus selbst hat besitzlos gelebt und von seinen Jüngern immer wieder auch Besitzverzicht eingefordert, hat aber den Besitz nicht grundsätzlich verurteilt und durchaus auch von der Unterstützung wohlhabender

Sympathisanten gelebt: »Ich sage euch: Macht euch Freunde mithilfe des ungerechten Mammons«! (Lk 16,9). Es kommt also darauf an, wie ich mit meinem Besitz umgehe. Klug ist es im Sinne des Evangeliums, seinen Reichtum zum Wohl der Menschen einzusetzen.[54]

Woran hänge ich mit meinem Herzen? Sind es vor allem Besitztümer und Konsumgüter, die mich letztendlich aber doch nicht zufriedenstellen und mein Leben verdüstern?

Freude am Licht

An der bis dahin düstersten und steilsten Stelle des Weges gehe ich am Simms-Wasserfall vorbei, der wunderschön von der Sonne bestrahlt wird. Bald darauf öffnet sich vor mir das weite, sonnendurchflutete Höhenbachtal. Auch das Mädelejoch lässt sich schon in gut 4 km Entfernung und fast 800 Meter höher erahnen.

Es ist wieder Raum da, in dem ich mich von der Sonne bescheinen lassen kann. Meine Stimmung hellt sich wieder etwas auf, und ich flaniere kaum ansteigend durch dieses wunderschöne Höhenbachtal. Etwa eine halbe Stunde später, wo Roßgumpen- und Schochenalpbach sich zum Höhenbach vereinen, verlasse ich hinter einer Brücke den Forstweg. Auf einem Pfad geht es nun steiler bergauf zur Roßgumpenalp und weiter Richtung Mädelejoch. Die felsige Bergwelt um mich herum wird nun greifbarer und für mich auch reizvoller. Trotz größerer Anstrengung durch den Aufstieg atme ich jetzt freier.

Als ich schon nicht mehr besonders weit zum Mädelejoch habe, halte ich inne und schweife mit meinem Blick zurück über den Talgrund hinaus in die Ferne. »Was brauche ich mehr!?«, schießt es mir durch den Kopf. Alles, was mein alltägliches Leben prägt, vielfach auch einengt und verdüstert, scheint unendlich weit weg zu sein. Ein warmes Gefühl durchströmt und öffnet mich. Ich freue mich über die Kraft, die ich in mir spüre, und bin einfach nur dankbar dafür, dass ich mein Leben in diesem Augenblick so genießen darf. Und das ist kein Genuss, den ich mir mit Geld kaufen kann. Dieser Genuss entspringt vielmehr tiefer liegenden Quellen, die das Leben überhaupt erst ermöglichen. Klar, damit ich überhaupt hier stehen kann, dafür braucht es schon ein Mindestmaß an finanzieller Ausstattung, aber dieses Gefühl verdanke ich letztendlich doch etwas anderem.

Ich schreite über das Mädelejoch (1.974 m) und komme eine gute Viertelstunde später bei der Kemptener Hütte an, die allerdings zu dieser späten Herbstzeit schon geschlossen hat. Der Weg führt weiter durch eine sanft gewellte, hügelige Landschaft bergab. Die schroffen Felswände des Muttlerkopfes und des Kratzers treten zurück und verlieren ihre bedrohliche Dimension. Vielleicht liegt das auch an der Herbststimmung. Alle Grate, Hügel, Bergrücken und -schultern sind in sanftes Licht getaucht, trotzdem klar umrissen. Ich möchte mich anschmiegen. Ein Gefühl von Sicherheit und Geborgenheit umhüllt mich wohltuend.

Sich selbst gerecht werden

Plötzlich überkommt mich aber ein Gefühl von Wehmut. Die bräunliche Färbung der Wiesen weist bereits darauf hin, dass die Natur sich zurückzieht und vergeht. Sie nimmt Abschied, ebenso wie das Jahr sich dem Ende neigt. Ich frage mich, wie viele Bergtouren ich in meinem Leben wohl noch werde gehen können? Die Vorstellung der durch die Finger verrinnenden Zeit lässt die Harmonie, die mich gerade noch umgeben hat, zerplatzen. Der Gedanke, wie schnell alles vorbei sein kann, gebiert Bilder in mir von lebensbedrohenden Situationen in der Bergwelt: Gewitter, Steinschlag, Lawine ... Der Weg wird auch wieder, wie sich schon weiter oben angedeutet hat, eng und dunkel. Abweisend, ja bedrohlich erscheint mir der Sperrbachtobel, durch den ich nun hindurchmuss. Einige Hundert Meter lang bedecken mächtige Firnfelder links vom Weg den Bach, die einen mit riesig geöffneten Mäulern zu verschlingen drohen, wenn man nur abrutscht und in die Tiefe des Bachbettes hinunterstürzt.

Mir kommen wieder die Banken, Spekulanten und Anleger in den Sinn, die jahrelang größtmöglichen Renditen nachgejagt sind und die sich sicher gefühlt haben, dass es immer so weitergehen werde. – Ist das Gier? – Und plötzlich zerplatzt ihre, wie es sich herausgestellt hat, Pseudowelt fiktiver Anlagewerte, eine imaginäre Welt bloßer Transaktionen, die mit konkretem Geld-, geschweige denn Güterverkehr überhaupt nichts mehr zu tun haben.

Zu schnell wollten viele möglichst hohe Renditen herausholen.

Habe ich eigentlich bei Geldanlagen nachgefragt, welche Unternehmen ich da unterstütze, oder war es mir egal, ob es sich z.B. um Rüstungsindustrien handelte oder um Firmen, die nur wegen kurzfristiger Renditensteigerungen auch Angestellte entlassen? Würde ich mit Renditen zufrieden sein, die deshalb geringer sind, weil ich mein Geld in ökologisch bewusst oder international gerecht agierenden Unternehmen anlege?

Wirtschaftliche Klugheit sollte wohl doch nicht nur sich selbst im Blick haben, sondern auch dem Gemeinwohl dienen und global auf langfristige, nachhaltige Entwicklungen schauen. Der Begriff »Gerechtigkeit« kommt mir in den Sinn.

Wie können gerechte oder – realistischer – gerechtere Lebensverhältnisse geschaffen werden? Welche Kriterien gibt es dafür? Was und wie viel steht einem denn überhaupt zu? »Leistung muss doch honoriert werden«? Wer legt Qualität und Maß von Leistung fest? Nur der Markt? Wo ist der »sozial Schwache« anzusiedeln, inwieweit soll, muss dieser von einer Gemeinschaft unterstützt werden, damit sie sich gerecht nennen kann? Ist es sinnvoll, und damit gerecht, Besserverdienende stärker zu besteuern als andere?

Grundlegend ist hier wohl die Auseinandersetzung mit der Problematik, wie ich mir, wie ich anderen und wie diese wiederum mir gerecht werden.

Das »Gleichnis von den anvertrauten Talenten« kommt mir in den Sinn (Mt 25,14–30). In ihm wird erzählt, dass ein Mann, der auf Reisen geht, seinen Dienern sein Vermögen anvertraut, einem fünf, dem nächsten zwei Talente und dem dritten eines. Die ersten zwei beginnen sofort mit ihren Talenten zu wirtschaften und können das Geld verdoppeln. Der dritte aber hat Angst und vergräbt sein ihm übertragenes Talent. Als der Mann zurückkommt und Rechenschaft von seinen Dienern fordert, lobt er die beiden, die erfolgreich mit ihren Talenten umgegangen sind, und überträgt ihnen neue, große Aufgaben. Auch dürfen sie teilnehmen an der Freude des Herrn. Den in seinen Augen »nichtsnutzigen Diener«, der nichts aus seinem Talent gemacht hat, lässt er in die äußerste Finsternis hinauswerfen. »Es ist wie …« – beginnt dieses Gleichnis. Das, was hier erzählt wird, ist ein Gleichnis über das Reich Gottes.

Das »Talent«, das damals eine Geldeinheit war, kann durchaus im heutigen Wortsinn als menschliche Begabung gedeutet werden. Nicht jeder ist damit im gleichen Maße ausgestattet, aber die Menge und auch die Qualität spielen keine Rolle, und: sie sind einem geschenkt worden, wir haben sie uns nicht verdient. Das finstere Los, das den einen trifft, der seines ängstlich vergraben hat, zeigt, dass wir mit unseren Talenten wirtschaften, sie entfalten und einsetzen sollen. Und warum? Weil wir sonst am Reich Gottes, das heißt an unserem Lebenssinn vorbeigehen. Jeder trägt für das Verantwortung, was er für das Leben mitbekommen hat.

Hierin liegt für mich jetzt auch der Schlüssel für die Erklärung, wie Gerechtigkeit möglich ist. Richtig handelt der, der entsprechend seiner Möglichkeiten handelt.

Demgemäß wird er auch ausbezahlt und verpflichtet für neue Aufgaben. Nicht richtig verhält sich nach diesem Gleichnis derjenige, der seine Fähigkeiten verschleudert und sich nur auf staatliche Unterstützung verlässt, ebenso derjenige, der sein Geld ins Ausland schafft, um die Steuer zu umgehen, also die Früchte seiner Talente nicht wieder dort einsetzt, wo er sie gewonnen hat. Wer wenig bekommen hat, ist auch nur Wenigem verpflichtet, wer viel erhalten hat, hat entsprechend mehr Verantwortung. Nicht in der Menge des Geldes liegt der Sinn meines Lebens, sondern im Umgang damit zu meinem eigenen Wohl und dem der Allgemeinheit. Eine Gesetzgebung, die dieses ermöglicht, und ein Verhalten, das diesem entspricht, würde ich als »gerecht« bezeichnen.

Werde ich mir und meinen Talenten eigentlich gerecht? Werde ich anderen gerecht? Wo verlange ich aber vielleicht zu viel von mir oder bin zu ungeduldig, meine Talente sich in mir entfalten zu lassen? Wo verlange ich eventuell auch zu viel von anderen?

Nachdenklich setze ich meinen Abstieg fort. Die Schlucht weitet sich nun bald. Ich muss mir über den Sperrbach einen Weg suchen, weil die Brücke bereits abgebaut ist, und hole mir dabei nasse Füße und ein aufgeschürftes Schienbein, als ich auf einem glitschigen Stein ausrutsche. Ist das gerecht? – Bei vielem in unserem Leben, wie bei Unfällen oder Krankheit, ist diese Frage meist verfehlt.

Geld und Hoffnung

Nach einem kurzen Gegenanstieg aus dem Bachbett heraus komme ich zu einem weiteren »Zeugen« aus den ersten Jahren dieser Wallfahrt. Ein paar Meter abseits vom Weg steht eine kleine Kapelle. »Am Knie« heißt dieser Ort (1.380 m). Lechtaler Wallfahrer haben sie vermutlich errichtet. Allerdings verfiel sie im Laufe von Jahrhunderten und wurde erst 1998 neu errichtet. Ein reicher Holzwirt soll nach Pfarrer Guggenberger die Kapelle mit einem hohen Holzdach auf der Steinmauer ausgestattet haben. Im Lawinenwinter 1998/99 ist dieses Dach aber vom Druck einer Staublawine total vernichtet worden und nichts mehr davon aufgetaucht. Nur die Steinmauer blieb erhalten und das Gnadenbild schaute aus dem Schnee heraus.[55]

Ein schöner Platz ist dieses »Knie«. Frei kann der Blick schweifen. Unter mir breitet sich das Trettachtal offen aus. Etwa 10 km liegen jetzt noch vor mir. Erst geht es etwas steiler bergab, aber dann zieht es sich dahin, erst noch über herbstlichen, mit Laub bedeckten Waldboden, dann bald über die Teerstraße.

Ich trotte einfach so vor mich hin, lasse die Spielmannsau (1.000 m) hinter mir und halte mich nach einer Brücke über die Trettach links zum Christlessee (900 m) und an ihm vorbei. Nur für kurze Momente wird die Schönheit und Fruchtbarkeit der Umgebung bewusst. Das viele Nachdenken und der harte Teerweg haben mich ermüdet und vielleicht auch etwas ungeduldig gemacht. Andererseits hat es etwas Tröstliches an sich, dass

Kapelle »Am Knie«, schon für den Winter vorbereitet

man nicht immer »Powern« kann und muss. Es braucht auch Zeiten der Entspannung, in denen mein Wirtschaften ruhen darf, in denen sich meine Talente auch im Stillen, noch nicht Frucht bzw. Erlös bringend, entfalten dürfen.

Endlich komme ich an bei den drei Lorettokapellen. Sie gefallen mir! Ich kann der Behauptung etwas abgewinnen, dass sie »eine der reizvollsten Baugruppen der süddeutschen Sakralarchitektur« seien, und denke mir, wirtschaftliches Handeln, hier mittels eines Lorettobenefiziums, hat schon etwas Gutes an sich. Ich stehe vor in Stein gemeißelten Glaubenszeugnissen, die u.a. mit dem Geld der Wallfahrer finanziert worden sind. Der Ideologieverdacht von Karl Marx kommt mir in den Sinn, der von der Religion als »Opium des Volkes« spricht. Marx hat mit dieser Auffassung recht, wenn religiöse Institutionen sich durch autoritäre, ungerechte und menschenverachtende Gesellschaftssysteme stützen lassen und Menschen ausbeutet. Auf der anderen Seite ist Religion bzw. der Glaube, der durch sie vermittelt wird, auch ein Quell seelischer Nahrung, der Menschen Hoffnung und Kraft schöpfen und dadurch ihre Leistungsfähigkeit bewahren lässt, um ihre originären Talente in das gesellschaftliche System einzuspeisen.

Mir ist jedenfalls auf meinem Pilgerweg einiges klarer geworden: Ich habe mein Blickfeld wieder weiten können aus meinem privaten Bereich hinaus auf eine gesamtgesellschaftliche Verantwortung. Ich möchte daran arbeiten, meine Talente zu entdecken, sie somit nicht brach liegen zu lassen und immer mehr zu entfalten. Ich werde sensibler auf wirtschaftliche Entwicklungen achten. Und das als Gottesdienst und nicht als Dienst am Mammon!

Ziel	Lorettokapellen (813 m) bei Oberstdorf
Gebirgsgruppe	Allgäuer Alpen
Höhenmeter	ca. 900 m im Aufstieg und ca. 1.200 m im Abstieg
Distanz	ca. 20 km
Gehzeit	7–8 Std.
Beste Jahreszeit	Frühjahr bis Herbst je nach Schneelage (Kemptner Hütte geöffnet von Mitte Juni bis Mitte Oktober)
Schwierigkeiten/ Anforderungen	Konditionell anspruchsvolle Tour auf meist guten Wegen; Weg durch den Sperrbachtobel kann bei Schnee unangenehm sein
Einstieg	Holzgau (Österreich, 1.103 m)
Wegverlauf	Pfarrkirche Maria Himmelfahrt/Holzgau (ca. 1.103 m) – Mädelejoch (1.974 m) – Kemptner Hütte (1.844 m) – Am Knie (1.381 m) – Lorettokapellen (813 m). Der Weg ist ein Teilabschnitt des europäischen Fernwanderwegs E 5 und deckt sich hier mit der Via Alpina.
Hütten/ Übernachtungsmöglichkeiten	In Oberstdorf und Holzgau; Kemptner Hütte
Anfahrt	München – Garmisch – Reutte – Lechtal/Holzgau; Stuttgart – Kempten – Reutte – Lechtal/Holzgau; Lindau – Bregenz – Hochtannbergpass – Lechtal/Holzgau
Wegvariante	Gipfelmöglichkeiten sind Muttlerkopf (2.366 m), Großer Krottenkopf (2.657 m),

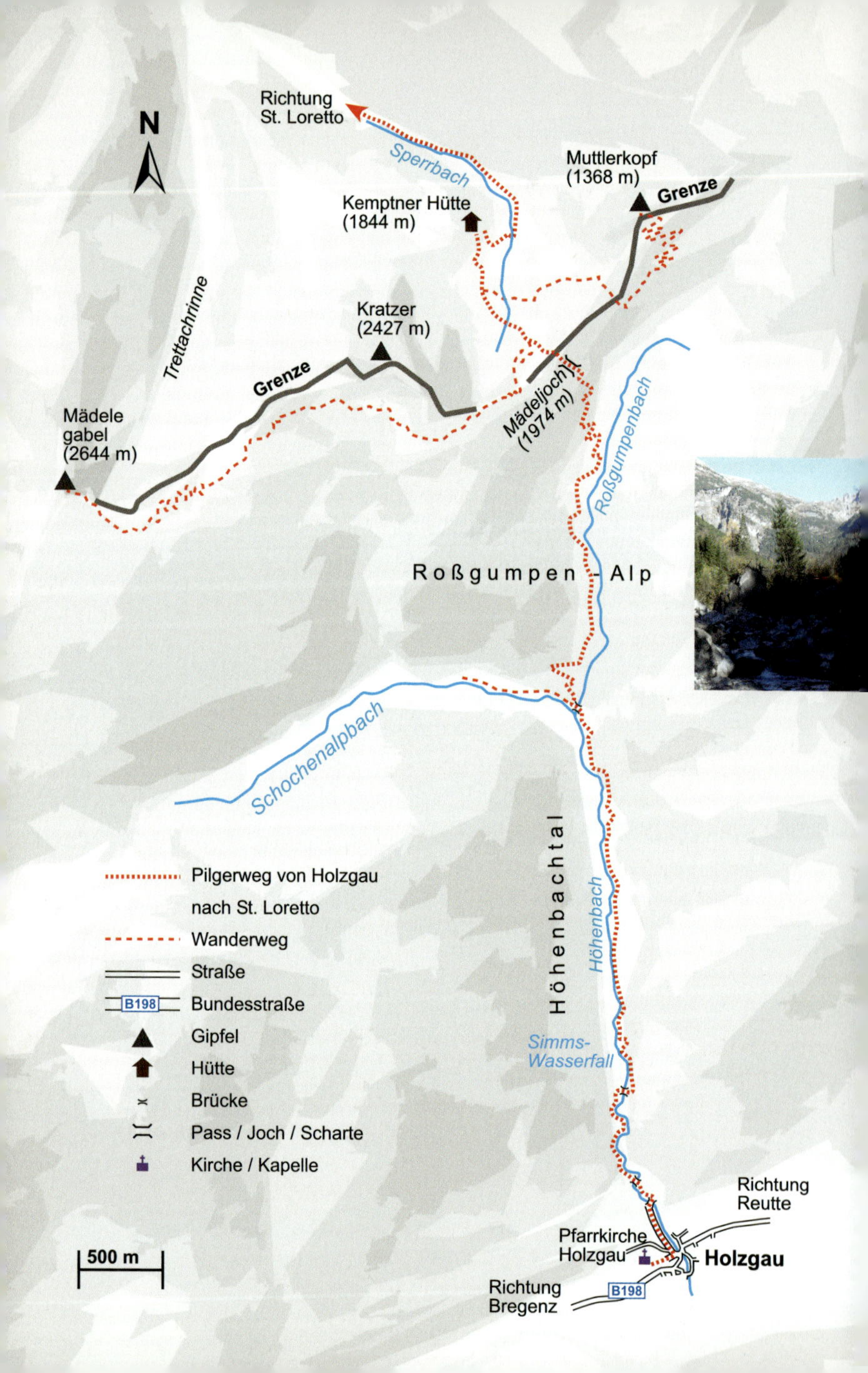

N
Richtung
St. Loretto
Sperrbach
Muttlerkopf
(1368 m)
Grenze
Kemptner Hütte
(1844 m)
Trettachrinne
Kratzer
(2427 m)
Grenze
Mädele
gabel
(2644 m)
Mädeljoch
(1974 m)
Roßgumpenbach
Roßgumpen - Alp
Schochenalpbach
Höhenbachtal
Höhenbach
Simms-
Wasserfall
Pilgerweg von Holzgau
nach St. Loretto
Wanderweg
Straße
B198
Bundesstraße
Gipfel
Hütte
Brücke
Pass / Joch / Scharte
Kirche / Kapelle
500 m
Richtung
Reutte
Pfarrkirche
Holzgau
Holzgau
Richtung
Bregenz
B198

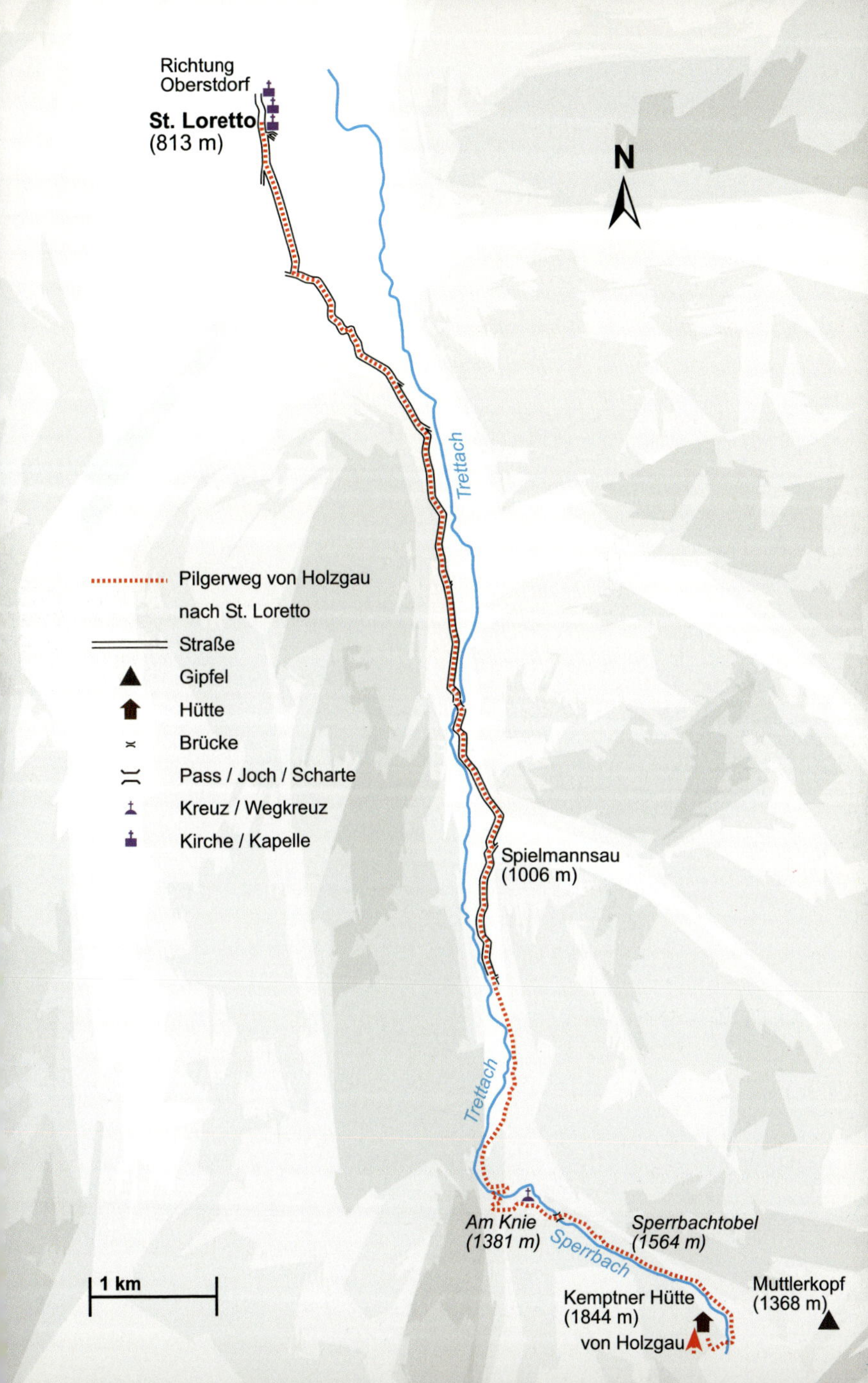

Richtung Oberstdorf
St. Loretto (813 m)
N
Trettach
Pilgerweg von Holzgau nach St. Loretto
Straße
Gipfel
Hütte
Brücke
Pass / Joch / Scharte
Kreuz / Wegkreuz
Kirche / Kapelle
Spielmannsau (1006 m)
Trettach
Am Knie (1381 m)
Sperrbachtobel (1564 m)
Sperrbach
1 km
Kemptner Hütte (1844 m)
Muttlerkopf (1368 m)
von Holzgau

	Mädelegabel (2.645m) über den Klettersteig des Heilbronner Wegs
Karten	Alpenvereinskarte 2/1, Allgäuer-Lechtaler Alpen – West, 1:25.000
Weiterführende Informationen	www.lechtal.at/holzgau; www.geschichte-tirol.com/ortsgeschichte/bezirk-reutte/holzgau-1092.html; www.oberstdorf.com; http://oberstdorf-online.info/gebaeude/knie-kapelle.htm

Ein großer, alter Weg

Von Wattwil nach Maria Einsiedeln

Das Gebet des Pilgerns

»Pilgern heißt, mit den Füßen beten«, steht in großen Buchstaben am Rand des Weges, der über den letzten anstrengenden Anstieg vom Zürichsee hinauf zum Etzelpass führt. Vielleicht ist es das, was alle verbunden hat, die sich in den beiden Jahrtausenden der christlichen Pilgertradition auf den Weg gemacht haben, auch wenn die Lebensumstände und Motive, aus denen sie aufgebrochen sind, sehr verschieden waren. Primär ist das Gehen auf den Wegen der Pilger eine elementare Form des Gebets, die dem urchristlichen Lebenswandel entspricht.

So ging es den ersten christlichen Pilgern nicht um das Aufsuchen bestimmter heiliger Stätten. Manchmal führten einzelne Wege zu einsamen Orten, an denen Eremiten als Lehrmeister des Glaubens lebten, doch ausschließlich Jerusalem hatte für die antiken Christen den Status eines Wallfahrtsortes von überregionaler Bedeutung. Oft gab es kein festes Ziel am Ende des Weges. Pilgern wurde als Einübung in die Armut und Aufbruchsoffenheit eines geistigen Lebens verstanden. Es bedeutete in diesem urkirchlichen Sinne das Eingeständnis der Endlosigkeit aller Wege, die im Laufe eines menschlichen

Lebens begonnen werden. Die von Jesus im Johannesevangelium überlieferte Antwort auf die alte Streitfrage zwischen Samaritern und Juden nach dem wahren Ort der Gottesanbetung begründete das neue christliche Verständnis der göttlichen Präsenz:

»Die Frau sagte zu ihm: Herr, ich sehe, dass du ein Prophet bist. Unsere Väter haben auf diesem Berg Gott angebetet; ihr aber sagt, in Jerusalem sei die Stätte, wo man anbeten muss. Jesus sprach zu ihr: Glaube mir, Frau, die Stunde kommt, zu der ihr weder auf diesem Berg noch in Jerusalem den Vater anbeten werdet. (...) Die Stunde kommt, und sie ist schon da, zu der die wahren Beter den Vater anbeten werden im Geist und in der Wahrheit; denn so will der Vater angebetet werden.«

(Joh 4,19 ff.)

Nach dem Vorbild des besitzlosen und heimatlosen Umherziehens Jesu bildete sich in der Pilgertradition des frühen Mönchtums das Ideal der Xeniteia, der Auswanderung in die Fremde, als spirituelle Übung heraus. Wer als Pilger aufbrach, sollte auf Sicherheiten und Vorsorge verzichten, um sich dadurch ganz der Fürsorge Gottes anzuvertrauen. Die durch Einfachheit und eine gewisse Askese geprägte Form des Unterwegsseins ist bis heute ein wichtiges, vielleicht sogar notwendiges Merkmal jeder Pilgerreise geblieben. In einer alten Pilgerregel gibt es drei Ratschläge für die Zeit des Unterwegsseins: Wenig essen, wenig schlafen und wenig reden.

Einsiedeln als Pilgerzentrum

Bald nach der ersten urkundlich erwähnten Wallfahrt im Jahr 1337 wurde Einsiedeln zu einem der größten christlichen Wallfahrtsorte und in seiner Bedeutung zeitweise zusammen mit Rom und Santiago genannt. Der asketische Anspruch an das Unterwegssein prägte auch die Pilger dieser Zeit, wobei die meisten Wallfahrer ohnehin in Armut lebten und somit nicht die Möglichkeit hatten, die Reise komfortabler zu gestalten. Die Wege nach Einsiedeln waren meist lang, da der geografische Einzugsbereich aufgrund der herausragenden Stellung Einsiedelns weit reichte. Die Pilger kamen von weit her nach Einsiedeln, aus Vorarlberg, Tirol, dem Allgäu und dem vergleichsweise nahe gelegenen Bodenseeraum. Heinrich Keim schildert in seinem Bericht den Pilgeralltag der Arlberger Wallfahrten sehr plastisch:

»Die Wallfahrer, die aus den hintersten Tälern kamen, um nach Einsiedeln zu ziehen, wanderten betend durch die Dörfer, und wenn der Abend nahte, suchten sie eine Feuerstätte, um ihr Essen zu kochen, und baten um eine Nachtherberge, die ihnen auch gerne gewährt wurde. Den Mundvorrat und was sie sonst für die 8–10-tägige Reise nötig hatten, trugen sie bei sich, ja manch einer zog sogar ein kleines Handwägelchen, in dem er seine Kostbarkeiten verwahrte, über den Arl.«[56]

Gleich zwei wundersame Ereignisse begründeten die besondere Stellung Einsiedelns als alpinen Zentrums der spätmittelalterlichen Pilgerbewegung. Zum einen soll Jesus selbst dem ersten benediktinischen Waldkloster in der Nacht vor der Weihe seinen Segen gespendet und, als Zeichen, den Abdruck von fünf Fingern über der Eingangstür hinterlassen haben. Und zum anderen tauchte auf rätselhaften Wegen um 1465 eine schwarze Madonna in Einsiedeln auf. Wie viele sich daraufhin auf den Weg nach Einsiedeln gemacht haben, belegt die unglaubliche Zahl von 130.000 verkauften Pilgerzeichen allein im September 1466.[57]

Etwas aber unterschied die im Mittelalter auch an anderen Orten florierende Pilgerbewegung von der Spiritualität des Unterwegsseins im frühen Christentum: Orte wurden bedeutungsvoll. Das Pilgern war nicht mehr als Ausdruck der weltlichen Ausgesetztheit und Heimatlosigkeit Zweck an sich selbst; es führte auf ein Ziel hin, mit dessen Erreichen die Pilger meist die Aussicht auf Vergebung ihrer Sünden und Heilung verbanden. Die lange, von Askese geprägte Fußreise wurde zu einem Weg der Buße, Reinigung und Vorbereitung auf die erlösende Ankunft am Wallfahrtsort. Der Glaube an die kathartische Wirkung des langen Weges und vor allem der Begegnung mit der schwarzen Madonna war so verbreitet, dass in einigen Fällen sogar Schwerverbrechern als Strafe eine Pilgerreise nach Einsiedeln auferlegt wurde. Margrit Rosa Schmid weist in ihrem Buch über die schwarze Madonna auf diese besondere Art der Verurteilung hin und zitiert aus einem Dokument von 1726: »Nur die schwarze Madonna vermag, den Sünder mit mütterlicher Liebe zu umfangen und ihn so lange in ihrem Mutterschoß geborgen zu behalten, bis sie ihn mit dem schrecklichen Richter ausgesöhnt hat.«[58]

Bis zum Ende des 19. Jahrhunderts kamen fast alle Pilger über die meist langen Wege zu Fuß nach Einsiedeln. Danach scheint sich mit der Anbindung Einsiedelns an die Zugstrecke vom Rheintal aus bald eine veränderte Wallfahrtspraxis etabliert zu haben, wie der Einsiedler Pater Lustenberger zu dieser Zeit skeptisch bemerkt: »Die verkürzte Reisezeit vom Heimatort zum Wallfahrtsort erschwert sehr oft auch den inneren Weg, welchen ein Pilger zurücklegen sollte, den Weg zu sich selbst, um in der eigenen Stille Gottes Stimme zu vernehmen. Es geschieht hier fast unbemerkt eine innere Aushöhlung der Wallfahrt.«[59]

Unter den historischen Pilgerwegen nach Einsiedeln gab es eine nordöstliche Hauptroute, in die viele Routen aus den verschiedenen Gegenden einmündeten. Die meisten Wege aus Süddeutschland, Tirol, dem Appenzell und dem Rheintal trafen in Wattwil zusammen.[60] Von hier ist Einsiedeln noch zwei Gehtage entfernt. Auch heute liegt Wattwil am Knotenpunkt der Wege aus dem Rheintal und vom Bodensee. Über diese traditionelle Route läuft weitgehend auch der Schweizer Jakobsweg. Nur auf Höhe des oberen Zürichsees wählten die Pilger früher wohl eine andere Strecke, die auch der folgenden Wegbeschreibung zugrunde liegt.

Zum Kloster am See

Als ich von Wattwil nach Einsiedeln gehe, ist schon Dezember. Es ist leer auf der viel begangenen Pilgerroute; die tief stehende Sonne und die kurzen Tage geben der Landschaft etwas Verborgenes, das ihr im Frühling und Sommer fehlen könnte.

Wenn nicht zu viel Schnee liegt, ist der Winter eine gute Zeit für diesen Weg. Aufgrund der streckenweise dicht besiedelten Voralpenlandschaft, durch die er führt, und der relativ geringen Höhenlage zwischen 400 und 1.000 Metern, sind Orientierung und Wegfindung bei der ausgezeichneten Beschilderung (gelbe Wegweiser) selbst zu dieser Jahreszeit an den meisten Tagen unproblematisch. Auch sind die beiden Tagesetappen von je gut 6 Stunden nicht zu lang, um sie noch im Hellen beenden zu können.

In Wattwil beginnt der Weg am Bahnhof. Auf dessen Vorplatz steht der zentrale Wegweiser. Die als »Alpenrandroute« angegebene Wegstrecke nach Schmerikon folgt dem Verlauf des alten Pilgerweges nach Einsiedeln. Auf der anderen Seite der Gleise verlässt der Weg nach wenigen Hundert Metern in westliche Richtung leicht ansteigend das Ortszentrum und führt vorbei am Schloss Iberg über Laad auf die »Heid«, den Übergang am höchsten Punkt des Höhenrückens, der zwischen dem Thurtal und dem Zürichsee liegt.

Übergänge sind im Gebirge Orte, an denen Wege räumliche Grenzen passieren. Ein Joch teilt den Wegverlauf in ein Diesseits und Jenseits. Wer den Weg nicht

Auf der Heid

kennt, weiß nicht, wie er jenseits des horizontbegrenzenden Überganges weiterverläuft. Oft anders als diesseits. Besonders im hohen Gebirge ist das häufig eine sehr eindrückliche Erfahrung. An Übergängen finden sich meist Steinmandl als Wegweiser. Sie sind eine alte und in vielen Berglandschaften der Erde verbreitete Form der Markierung und den Hermen[61] verwandt, den steinernen Zeichen an Wegkreuzungen und Pässen im alten Griechenland, die jeden Wanderer daran erinnerten, dass das Leben eingespannt ist in die großen Grenzen und Übergänge zwischen Menschen- und Götterwelt.

Von der Heid breitet sich die sanfte Berglandschaft in alle Richtungen aus. Nur im Süden geht sie in die erste Kette des hohen Gebirges über. An dieser Stelle folgen die meisten Pilger dem alten Brauch und sprechen ein Gebet als Dank und Segen für den Weg:

Ich hebe meine Augen auf zu den Bergen:
Woher kommt mir Hilfe?
Meine Hilfe kommt vom Herrn,
der Himmel und Erde gemacht hat.
Er lässt deinen Fuß nicht wanken;
er, der dich behütet, schläft nicht.
Nein, der Hüter Israels schläft und schlummert nicht.
Der Herr ist dein Hüter, der Herr gibt dir Schatten;
er steht dir zur Seite.
Bei Tag wird dir die Sonne nicht schaden
noch der Mond in der Nacht.
Der Herr behüte dich vor allem Bösen,
er behüte dein Leben.
Der Herr behüte dich, wenn du fortgehst und wiederkommst,
von nun an bis in Ewigkeit.

(Psalm 121)

Über die verstreuten Orte Oberricken, Walde, St. Gallenkappel, Neuhaus und Goldberg geht es weiter hinab nach Schmerikon am oberen Zürichsee. Der Weg führt abwechselnd über kleine Straßen und Wiesenwege. In Neuhaus verläuft die Hauptroute des Jakobsweges weiter über Eschenbach nach Rapperswil; sie wurde aber von den Pilgern nach Einsiedeln erst ab Mitte des 19. Jahrhunderts nach dem Bau einer Straße häufiger begangen. Die meisten gingen nach Schmerikon. Hier trennten sich die Wege: Bessergestellte Pilger leisteten sich die Überfahrt nach Altendorf und sparten sich so gut zwei Gehstunden. Die Mehrzahl der einfachen Pilger zog am See entlang von Schmerikon weiter nach Rapperswil. Heute verbindet ein Fuß- und Radweg die beiden Orte miteinander. Knapp zwei Stunden lang führt der Weg eben und immer geradeaus in Ufernähe entlang. Ich schaue über den See auf die sich in Stufen vom jenseitigen Ufer erhebenden Berge. Vielleicht liegt es an diesen Bildern, vielleicht an der veränderten Sichtweise in der hereinbrechenden Dunkelheit oder dem angenehm gleichförmig dahinziehenden Wegverlauf, dass mich der Lärm der nahen Straße nicht stört.

Ich habe Gehen und Laufen immer wieder als existenzielle Bewegungen erlebt, in denen sich vieles ausdrückt, abbildet, löst und manchmal auch verdichtet, was ich in mir trage. Und ich verbinde manche Wege mit einem Gefühl, mich auf ihnen freigelaufen zu haben. Elisabeth Lukas hat das Gehen als Ausdruck der Freiheit in einer mich sehr überzeugenden Weise beschrieben:

> »Die Metapher des ›Gehens‹ ist ein ungeheuer passendes Sinnbild für die Interimsspanne zwischen Geburt und Tod. Nicht umsonst spricht man von Lebenswegen und Lebensläufen. ›Gehen‹ findet auf Böden statt, und zwar auf Böden, die uns aufgrund der Erdgravitation an sich fesseln. (...) Wir sind also an den Boden gefesselt, wie wir an unser

Schicksal ausgeliefert sind, aus dem es kein Entrinnen gibt. Trotzdem ›überlisten‹ wir den uns fesselnden Boden bei jedem Schritt, den wir zeitlebens tun. Denn bei jedem Schritt lösen wir einen Fuß vom Boden, und, wenn auch nur für kurze Zeit, so doch lang genug, um ihn anderswo aufzusetzen, als er vorher stand. Gewiss, der Fuß muss zwingend zum Boden zurück, aber nicht zum selben Boden; er kann ›wandern‹ und wir wandern mit ihm. (...) Viktor E. Frankl hat die Schicksalsmächte und Fülle der Bindungen, in denen wir uns befinden, als ›Absprungbasis‹ für unsere Freiheit bezeichnet«.[62]

Unter den verschiedenen Formen der Gehmeditation, die sich vor allem im frühen Mönchtum und bei den Wüstenvätern entwickelt haben, gibt es eine Methode mit langer Tradition, bei der das Gehen selbst zum Gegenstand der meditativen Aufmerksamkeit wird. Für diese Meditation gibt es eigentlich keine festen Vorgaben – außer dabei zu gehen oder zu laufen und den andauernden Strom der Gedanken für eine Zeit zum Stillstand zu bringen. Kein Text, kein Wort, kein Bild wird meditiert. Nur die Bewegung der einzelnen Schritte, die – wenn es gut geht – für eine Zeit leicht werden. Es gibt einen Punkt, an dem Gehbewegung und Atmung nicht mehr gegeneinanderlaufen. An ihm wird aus dem Nacheinander der Schritte und Atemzüge ein Ineinander. Oft ist das Gehen dann begleitet von dem Gefühl, etwas Selbstverständliches, fast Notwendiges zu tun. Aber nicht immer gelingt es, das Gehen oder Laufen in diesen Zustand der Meditation zu führen. Ein zu zielorientiertes Vorhaben ermöglicht nach meiner Erfahrung den Eintritt des Zustandes nicht; es erschwert ihn sogar erheblich.

Nach einer halben Stunde gehe ich an einer kleinen Kirche vorbei, die St. Meinrad geweiht ist. Vor dem benachbarten Gasthaus, von dem aus auch der Zugang zur Kirche möglich ist, steht ein Hinweisschild mit der sehr lesenswerten Geschichte dieses Ortes. Von hier aus ist es noch eine Stunde bis zum Kloster Wurmsbach.

Im Kloster bleibe ich für die Nacht. Es ist ein Ort tiefer Spiritualität und weltoffener Weite zugleich. Auch für eine mehrtägige Unterbrechung des Pilgerwegs bietet sich das Kloster an.

Der Übergang zu den Bergen

Am nächsten Morgen laufe ich vom Kloster in einer Stunde nach Rapperswil. Der kürzeste Weg führt immer an den Gleisen entlang, der schönere, aber etwa 30 Minuten längere, bleibt am Ufer des Sees. Zwischen Rapperswil und Hurden verläuft der 2001 neu errichtete Holzsteg. Bereits im Jahr 1360 wurde über diese engste Stelle des Sees für die große Zahl der einfachen Pilger, die sich keine Überfahrt leisten konnten, ein Holzsteg gebaut[63], der bis zur Errichtung des Damms 1878 bestehen blieb. Am Bahnhof von Pfäffikon verlässt der Weg das Seeufer und führt auf etwas verschlungener, aber weiter hervorragend ausgeschilderter Route durch den Ort

Blick vom Etzelpass zurück zum Zürichsee unter den Appenzeller Vorbergen

bergan in südliche Richtung. An einer Wiese nach Überqueren der Autobahnbrücke am Ortsrand beginnt der längste Aufstieg des Pilgerwegs zum Etzelpass.

Der Pfad steigt über Wiesen und durch lichten Bergwald abwechslungsreich zu dem landschaftlich sehr prägnanten Übergang, der von dem großen See in eine ebenfalls sehr offene und sanfte Landschaft führt, deren Atmosphäre aber schon stärker von der zunehmenden Nähe der ersten hohen Berge bestimmt ist. Knapp 4 Stunden dauert der Weg vom Kloster bis zum Pass. Oben stehen die St.-Meinrad-Kapelle und das Gasthaus. Bereits im 14. Jahrhundert wurde aufgrund der großen Zahl von Pilgern an dieser Stelle ein Holzhaus als Herberge errichtet. Seit dieser Zeit ist die Passhöhe auf allen Pilgerrouten, die aus Norden und Osten nach Einsiedeln führen, der wohl bedeutendste landschaftliche und sakrale Orientierungspunkt der gesamten Wegstrecke.

Der Legende nach soll der Benediktinermönch Meinrad im Jahr 828 vom Bodensee zum Zürichsee gekommen sein, um sich dort für ein Leben in der Abgeschiedenheit nach dem Vorbild der Wüstenväter einen entlegenen Ort zu suchen. Zunächst ließ er sich am Etzelpass nieder, später zog er hinab in den »Finsteren Wald«, dorthin, wo später Einsiedeln entstanden ist. Zwei Waldschwestern, die bereits in der Gegend lebten, halfen ihm beim Bau einer Klause, versorgten ihn mit Essen und schenkten ihm eine Jungfrauenstatue sowie zwei Raben. Zu Meinrad kamen in den folgenden Jahren viele Ratsuchende, die ihm teilweise großzügige Geschenke machten. Eines Tages erfuhren auch zwei Räuber von den Kostbarkeiten, die sich bei Meinrad angesammelt hatten. Sie töteten Meinrad, raubten ihn aus und flohen. Die Raben folgten den beiden und verrieten durch ihr lautes Geschrei die Mörder, welche daraufhin in Zürich verhaftet und hingerichtet wurden.

Vom Etzelpass aus ist es nicht mehr weit bis nach Einsiedeln. In den letzten zwei Stunden führt der Weg über kleine Straßen, Wiesen und Uferwege durch das Hochtal oberhalb des Sihlsees. Zum ersten Mal sehe ich die eindrucksvollen Berggestalten des Großen und Kleinen Mythen. Der Pilgerweg passiert die holzgedeckte Teufelsbrücke über die Sihl, zu deren Bau man sich 1699 entschloss, um die Steine für den Klosterneubau aus dem Steinbruch

Am Sihlsee

am Etzel nach Einsiedeln transportieren zu können. Genau in der Mitte der Brücke wurde später eine Statue des Brückenheiligen Johannes von Nepomuk aufgestellt. Etwa 20 Minuten nach der Brücke stehen an einer Abzweigung zwei Alternativen für das letzte Wegstück zur Auswahl. Der kürzeste Weg nach Einsiedeln folgt der Straße, vorbei an der Gangulfkapelle, die bereits 1030 erbaut wurde und durch die in alter Zeit der Pilgerweg hindurchführte.[64] Etwas länger ist der links abzweigende schöne Weg über den Hirzenstein und entlang des Seeufers nach Einsiedeln.

Die schwarze Madonna

Auch heute noch kommen viele Wallfahrer vor allem wegen der schwarzen Madonna nach Einsiedeln. Nahezu alle Orte, an denen eine Marienstatue mit dunklem oder schwarzem Gesicht auf meist verschlungenen Wegen auftauchte, haben schnell eine große Zahl von Pilgern angezogen. In Europa sind besonders Chartres, Altötting, Tschenstochau, Le Puy, Montserrat, der Berg Pribram in Slovenien und Loreto bei Ancona bekannt. Die schwarze Madonna übt eine besondere Faszination aus. In den Legenden über die Wege, auf denen die Figuren an die jeweiligen Orte gekommen sind, tauchen oft archetypische Motive auf. Die Geschichten beschreiben eine wundersame Atmosphäre, aus der die schwarze Madonna eines Tages aufgetaucht ist: »Kinder, Hirten oder Tiere sollen die Statue gefunden haben. Geführt durch ein Zeichen im Traum oder eine Stimme, entdeckten sie die dunkle Frau in einer Höhle, Quelle, auf einem Berg oder vergraben in der Erde.«[65] Rationale Erklärungsversuche für die dunkle Hautfarbe, wie beispielsweise die erhebliche Rauchentwicklung in kleinen Kapellen, konnten sich nicht durchsetzen.

Ich sitze lange vor der Statue und frage mich, warum sich gerade an Orten, wo eine schwarze Madonna gefunden wurde, eine so intensive Form der Verehrung entwickelt hat. Ein Grund könnte sein, dass diese Madonna mit der »Sphäre der Nacht« in Verbindung gebracht wird, was auch die dunklen Entstehungslegenden andeuten. Sie repräsentiert das »nächtliche Wissen«, das, anders als die der Tageshelligkeit entsprechende Tatsachengewissheit, verborgen, nie eindeutig und manchmal unaussprechbar ist. Von diesem Wissen wird in der Sprache des Mythos erzählt. Und es ist das Wissen des Glaubens, weil es die großen Fragen des Seins aufsucht, in denen Erfahrungen geglaubt oder auch bezweifelt werden, nie aber bewiesen. Es gibt keinen Beweis für die Echtheit einer Liebeserklärung – ich kann sie glaubwürdig finden oder nicht. Darin gleicht der Liebesbeweis dem Gottesbeweis. Joseph Ratzinger hat in seiner »Einführung in das Christentum« den Glauben an die Existenz Gottes als das fundamentale Erkenntnisdilemma des Menschseins bezeichnet. Keiner kann sich diesem entziehen:

»Wer der Ungewissheit des Glaubens entfliehen will,
wird die Ungewissheit des Unglaubens erfahren müssen,
der seinerseits doch nicht endgültig gewiss sagen kann,
ob nicht doch der Glaube die Wahrheit sei. (…)
Es ist die Grundgestalt menschlichen Geschicks,
nur in dieser Rivalität von Zweifel und Glaube,
von Anfechtung und Gewissheit die Endgültigkeit
seines Daseins finden zu dürfen.«[66]

Heilige Orte

Auch wenn ich ein »Wegpilger« bin, für den das Gehen auf Wegen und Steigen eine größere Bedeutung hat als die Ankunft am Wallfahrtsziel selbst, gibt es Orte, die mir viel bedeuten, weil ich dort etwas gefunden und manchmal auch gelassen habe, was mich spirituell geprägt hat. Diese Erfahrungen kann ich nicht von ihren Fundstellen lösen. Sie hängen aneinander. Ich sehe darin keinen Widerspruch zu der Grundannahme unseres

Landschaft vor Einsiedeln

christlichen Glaubens, dass Gott sich uns unabhängig von einer besonderen örtlichen Eignung mitteilt. Wir feiern auch die Feste des Kirchenjahres, ohne dadurch die Zeiten möglicher Gotteserfahrungen einzuschränken. Dem kirchlichen Jahreskreis liegt die alte, weise griechische Unterscheidung zwischen der eingeteilten, dahinfließenden Zeit, *chronos*, und der verdichteten Zeit in einem erfüllten Augenblick, *kairos*, zugrunde. Wie solche festlichen Augenblicke in der Zeit stelle ich mir heilige Orte im Raum vor.

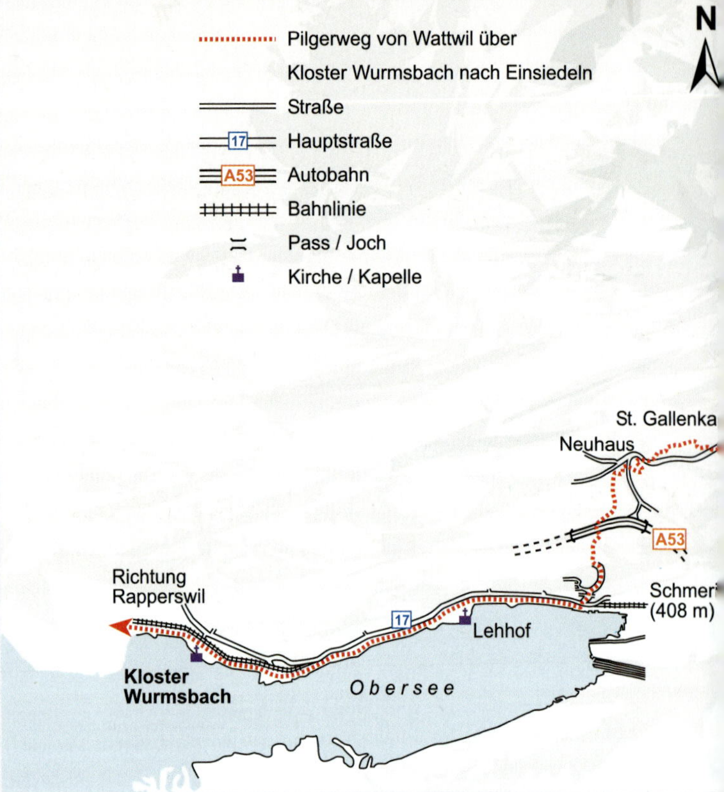

Ziel	Maria Einsiedeln (900 m)
Gebirgsgruppe	Zentralschweiz
Höhenmeter	900 m
Distanz	50 km
Gehzeit	1. Tag: 6,5 Std.; 2. Tag: 6 Std.
Beste Jahreszeit	Bis auf Tage mit ergiebigen Schneefällen ganzjährig möglich. Im Winter ggf. längere Gehzeit.

Schwierigkeiten/ Anforderungen	Abgesehen von der Tourenlänge unschwierige Wanderung
Einstieg	Bahnhof in Wattwil, Appenzeller Land
Wegverlauf	1. Tag: Wattwil (750 m) – Laadübergang (990 m) – Neuhaus (500 m) – Schmerikon (400 m) – Kloster Wurmsbach (400 m) 2. Tag: Kloster Wurmsbach (400 m) –

N
Rapperswil
(409 m)
17
von
Wattwil
8
Zürichsee
Holzsteg
Kloster
Wurmsbach
Hurden
Obersee
3
Pfäffikon
(416 m)
A3
Etzel
(1098 m)
St. Meinrad
(950 m)
Pilgerweg von Wattwil über
Kloster Wurmsbach nach Einsiedeln
Straße
Hauptstraße
Autobahn
Bahnlinie
Gipfel
Kirche / Kapelle
Wallfahrtsort
Sihlsee
Einsiedeln
(900 m)
1 km

	Rapperswil (400 m) – Pfäffikon (400 m – Etzelpass (950 m)– Einsiedeln (900 m)
Hütten/ Übernachtungs-möglichkeiten	In den Orten; Kloster Wurmsbach, Tel.: 0041-(0)55225-4900, www.wurmsbach.ch
Anfahrt	Mit dem Zug sind Ausgangs- und Zielort gut zu erreichen. Mit dem PKW: Die Abfahrt 77 (Wil) auf der Autobahn 1 zwischen St. Gallen und Zürich nehmen und entlang des Flusses Thur etwa 20 Kilometer nach Süden fahren. Rückfahrt von Einsiedeln aus mit dem Zug, umsteigen in Rapperswil.
Wegvariante	Es bestehen eine Vielzahl von Wegvarianten, so beispielsweise von Neuhaus über Eschenbach und Jona nach Rapperswil oder ab Schmerikon die südseitige Route entlang des oberen Zürichsees über Tuggen, Siebnen, Steinegg, Bilsten und Schwändi zum Etzelpass. Weiterhin führen aus anderen Richtungen viele weitere Pilgerwege nach Einsiedeln. Von Süden aus ist vor allem der Weg von Schwyz eine viel begangene Route (ca. 9 Stunden), von Westen ist die jährlich stattfindende Wallfahrt von Zug aus bekannt, bei der aufgrund der langen Wegstrecke in der Nacht gestartet wird.
Karten	Kompass-Wanderkarten 112 (Appenzellerland) und 124 (Zürichsee), 1:50.000
Weiterführende Informationen	www.wurmsbach.ch; www.einsiedeln.ch

Zum alpinen Michaelsheiligtum –

Von Sant'Ambrogio zur Sacra di San Michele

Sacra di San Michele über Sant'Ambrogio

Das Susatal, nahe bei Turin, ist von zwei Bergen umgeben, die zu den bedeutendsten Pilgerorten der Alpen gehören: der überragende Rocciamelone über dem Talende bei Susa und der, obwohl 2.500 Meter niedrigere, nicht weniger herausragende Pirchiriano über der Mitte des Tals, auf dessen Gipfel seit dem 10. Jahrhundert die Sacra di San Michele thront.

Wer aus Osten in das Susatal kommt, sieht die Sacra di San Michele schon von Weitem. Der große Sakralbau umschließt den Gipfel des Pirchiriano. Im ausgehenden 10. Jahrhundert entstand die Sacra di San Michele als Abtei, die von Anfang an dem heiligen Michael geweiht war und schon im 11. Jahrhundert zu den bedeutendsten Michael-Heiligtümern gezählt wurde:

> »Im Westen hat der Erzengel drei besondere Orte für sich ausgewählt (...): der erste ist der Berg Gargano, der nun sehr bekannt ist; der zweite Ort befindet sich in der Nähe des Atlantischen Ozeans und heißt ›Bei Meeresgefahr‹ (Mont Saint Michel); der dritte Ort (Sankt Michaels Abtei) liegt genau im Herzen der hohen Berggipfel (...), wo man die göttliche Erhabenheit näher betrachten kann.«[67]

Das Susatal liegt in der Mitte des langen Michaels-Pilgerwegs von der Normandie nach Apulien, der ab dem 10. Jahrhundert häufig begangen wurde, und markiert seine alpine Station.

Michaels-Heiligtümer scheinen auf Berge zu gehören. Schon in der orientalischen Kirche, aus der sich im 5. bis 6. Jahrhundert die Verehrung in den Westen ausbreitete, zeigte sich dieser Zusammenhang.[68] Die landschaftliche Exposition entspricht der Stellung Michaels unter den Heiligen. Seit der frühchristlichen Zeit wird er neben Gabriel und Rafael als Erzengel verehrt. Engel werden in der Bibel als Boten Gottes beschrieben.[69] Sie erscheinen Menschen, weisen ihnen Wege und bewegen sich gleichermaßen jenseits und diesseits der Grenze unseres menschlichen Erfahrungsraums. Das erinnert an die besondere Gabe des Götterboten Hermes in der griechischen Mythologie, gleichzeitig Zutritt zur Welt der Sterblichen und der Götter zu haben und sich damit an der Schwelle zwischen beiden Welten bewegen zu können. Michael wird als Beistand für Sterbende angerufen und wie Hermes gilt er als Führer der Seelen nach dem Tod. Auf vielen älteren Darstellungen verweist eine Waage in seinen Händen vermutlich auf diese besondere Aufgabe.

Michaeli wird am 29. September gefeiert. Das Fest des heiligen Michaels ist seit alter Zeit ein markanter Tag im Jahreslauf, denn jetzt, so kurz nach der herbstlichen Tag- und Nachtgleiche, ist die zunehmende Dunkelheit zu spüren. Für die Handwerker galt die alte Redewendung: »Der Michel zündt's Licht an.« Bis Mariä Lichtmess am 2. Februar wurde unter Kunstlicht gearbeitet.[70]

Der Weg zu den Heiligen

Zur Sacra di San Michele führt ein fast tausend Jahre alter Pilgerweg. Er beginnt in Sant'Ambrogio di Torino im Susatal direkt an der Pfarrkirche am südlichen Ortsrand. Hier findet sich auch eine Hinweistafel auf den Pfad und der erste Wegweiser »Antica multiera«. Anderthalb Stunden sind es bis nach oben. Schon bald nach den letzten Häusern beginnt der Steig. Er ist einer jener besonderen Urwege in den Alpen, die fast durchgängig gepflastert sind. Durch die vielen Serpentinen im dichten Wald ziehe ich aufwärts und suche gute Tritte auf den abgelaufenen Steinen. Ich gehe anders als sonst. Langsamer, fast verträumt, als würde die tausendjährige Geschichte dieses Weges und jeder dieser Steine zur Ruhe mahnen. Unzählige Gebete müssen auf diesem Weg gesprochen worden sein.

14 Kreuzwegstationen begleiten die Pilger als Erinnerung an die vielen Kreuze, die entlang des Weges abgelegt worden sind. Eine Tafel in der Mitte des Anstiegs wendet sich direkt an den heiligen Michael: »San Michele, ora pro nobis.«

Die Präsenz und die Bitte um Fürsprache der Heiligen bestimmt auch den gesamten Innenraum der spätromanischen Basilika oben in der Sacra. Die Fresken erzählen die Geschichten der Heiligen: Maria, Michael, Christophorus und Johannes, der auf einer wunderschönen Darstellung zu den Tieren spricht. Ihre Gesichter sind so sanft und schön bei dem, was sie tun. Und ihre Kämpfe sind wie Spiele. Nur so, scheint es, können sie das Böse überwinden.

Der gepflasterte Steig

Bitten

Vielleicht vertrauen die Menschen deswegen gern auf die Fürsprache der Heiligen, weil das Bittgebet eine rational schwierig zugängliche Form des Betens ist. Bei dem Bemühen um ein plausibles Verständnis dessen, was sich im Bittgebet ereignen soll, stellen sich viele Fragen. Nicht den Bitten aller Menschen scheint Gott auf eine für uns erfahrbare Weise zu entsprechen. Welche Gebete erhört er, welche nicht? Oder entspricht er jeder Bitte, allerdings nicht in einer Weise, die wir als Antwort auf sie deuten können? Oder wird keine Bitte erhört? Ändert Gott durch bestimmte Bitten seinen ewigen, weisen Ratschluss über den Lauf jedes Lebens und der Welt? Verbietet sich nicht jede Einmischung in die göttliche Souveränität? Setzen wir nicht ausgesprochen menschliche Maßstäbe an, wenn wir glauben, dass Gott erst darum gebeten werden will, bevor er Menschen aus leidvollen Situationen befreit? Unterscheidet Gott zwischen egozentrischen und altruistischen Bitten?

Die Versuche, dies zu verstehen, führen in eine Aporie. Das Denken kommt nicht mehr weiter – immer neue unlösbare Fragen stellen sich. Der wohl bedeutendste katholische Theologe des 20. Jahrhunderts, Karl Rahner, sah nur einen Weg, die Praxis des Bittgebets zu rechtfertigen, ohne das theoretische Dilemma dabei zu bagatellisieren: im Blick auf das Leben Jesu. »Er lehrt uns nicht eine Metaphysik des Bittgebets, er löst nicht theoretisch die dunklen Fragen (...) Aber er betet uns das Bittgebet vor. Jesus spricht das Wort der realistischen Bitte: ›Lass diesen Kelch an mir vorübergehen.‹ Er betet es mit der ganzen Inbrunst des Menschen, den die Angst und das Grauen hetzen.«[71]

Von Jesus ist keine theologische Erklärung des Bittgebets überliefert. Es ist für ihn vielmehr ein wirklich menschlicher Ausdruck der Not gegenüber Gott. Es gibt Situationen, in denen wir eigentlich nur noch schreien können, hoffen und bitten, dass in ihnen nicht alles zerbricht, was uns heilig ist. Das hat wohl auch Jesus getan.

Mit kritischen Anmerkungen zur Wirksamkeit von Gebeten wurde Jesus vermutlich auch konfrontiert. Jedenfalls weist er seine Zuhörer in einem weniger bekannten Gleichnis nur auf die Begrenztheit theoretischer Einwände hin:

»Jesus sagte ihnen durch ein Gleichnis, dass sie allezeit beten und darin nicht nachlassen sollten: In einer Stadt lebte ein Richter, der Gott nicht fürchtete und auf keinen Menschen Rücksicht nahm. In der gleichen Stadt lebte auch eine Witwe, die immer wieder zu ihm kam und sagte: Verschaff mir Recht gegen meinen Feind! Lange wollte er nichts davon wissen. Dann aber sagte er sich: Ich fürchte zwar Gott nicht und nehme auch auf keinen Menschen Rücksicht; trotzdem will ich dieser Witwe zu ihrem Recht verhelfen, denn sie lässt mich nicht in Ruhe. Sonst kommt sie am Ende noch und schlägt mich ins Gesicht. Und der Herr fügte hinzu: Bedenkt, was der ungerechte Richter sagt. Sollte Gott seinen Auserwählten, die Tag und Nacht zu ihm schreien, nicht zu ihrem Recht verhelfen, sondern zögern?«

(Lk 18,1–7)

Totentreppe und Gipfelfelsen

Vieles andere in dem weitläufigen Gebäudekomplex der Sacra ist Ausdruck der besonderen Form von Spiritualität, die mit der langen Pilgertradition verbunden war und ist. Es lohnt sich, hier viele Stunden zu verbringen. Die sogenannte Totentreppe hinter dem Eingangsportal windet sich entlang der immer wieder sichtbaren Felsen steil nach oben. Sie wurde den Pilgern zum Gleichnis für die Mühe ihres Pilger- und gesamten Lebensweges, aber auch für den mühsamen Aufstieg der Seele zu Gott.

Der Gipfelfelsen des Pirchiriano ist an mehreren Stellen im Inneren der Sacra zu sehen. Wir können davon ausgehen, dass für die Erbauer dabei keine ästhetischen Gründe ausschlaggebend waren. Felsen sind neben Bäumen und Quellen bevorzugte natürliche Orte, die in vielen Religionen mit der Atmosphäre des Heiligen in Verbindung gebracht werden. Allen dreien ist gemeinsam, dass sie in die Tiefe weisen, die sichtbare Erscheinung also einen verborgenen Grund hat, von dem wir wissen, aber ihn nicht sehen. Auch christliche Wallfahrtsorte entsprechen dieser alten religionsgeschichtlichen Tradition. Sacra di San Michele ist ein ausgeprägtes »Felsheiligtum« und repräsentiert den Aspekt der Zeitenthobenheit und Ewigkeit des göttlichen Seins. Der Felsen im Urheiligtum von St. Michael, unterhalb des Bodens der Basilika, galt als heiligster Ort der gesamten Sacra.

Zurück ins Tal steige ich nach Chiusa San Michele ab, den Nachbarort von Sant'Ambrogio. Ein schöner ruhiger Weg durch den Wald, ohne tiefe Pilgerspuren.

Die Totentreppe

Ziel	Sacra di San Michele (963 m)
Gebirgsgruppe	Grajische Alpen, Valle di Susa
Höhenmeter	630 m
Distanz	4 km
Gehzeit	1,5 Std.
Schwierigkeiten/ Anforderungen	Unschwierige Wanderung
Beste Jahreszeit	Ganzjährig möglich
Einstieg	An der Kirche von Sant'Ambrogio di Torino. Mehrere Hinweisschilder im Ortszentrum, auch schon beim Bahnhof
Hütten/ Übernachtungs-möglichkeiten	Im Ort
Anfahrt	Mit der Bahn über Turin nach Ambrogio oder Chiusa. Vom Bahnhof auch quer durch den kleinen Ort Richtung Süden, dann beginnen die Wegweiser zum Einstieg (etwa 10 Minuten vom Bahnhof). Mit dem PKW über die Autobahn von Turin ins Susa-Tal bis zur Ausfahrt Avigliana Ovest. Der nächste Ort ist Ambrogio.
Wegvariante	Für einen anderen Abstieg an der Abzweigung auf der Teerstraße unterhalb der Sacra weiter geradeaus zum Colle della Croce Nera und den Abstieg nach Chiusa San Michele mit der Nr. 503 wählen. Von oben etwa 1,5 Stunden, allerdings nur sinnvoll, wenn man mit dem Zug unterwegs ist.
Karten	Instituto Geografico Centrale, Nr. 2, Valle di Lanzo e Moncensio, 1:50.000
Weiterführende Informationen	www.sacradisanmichele.com

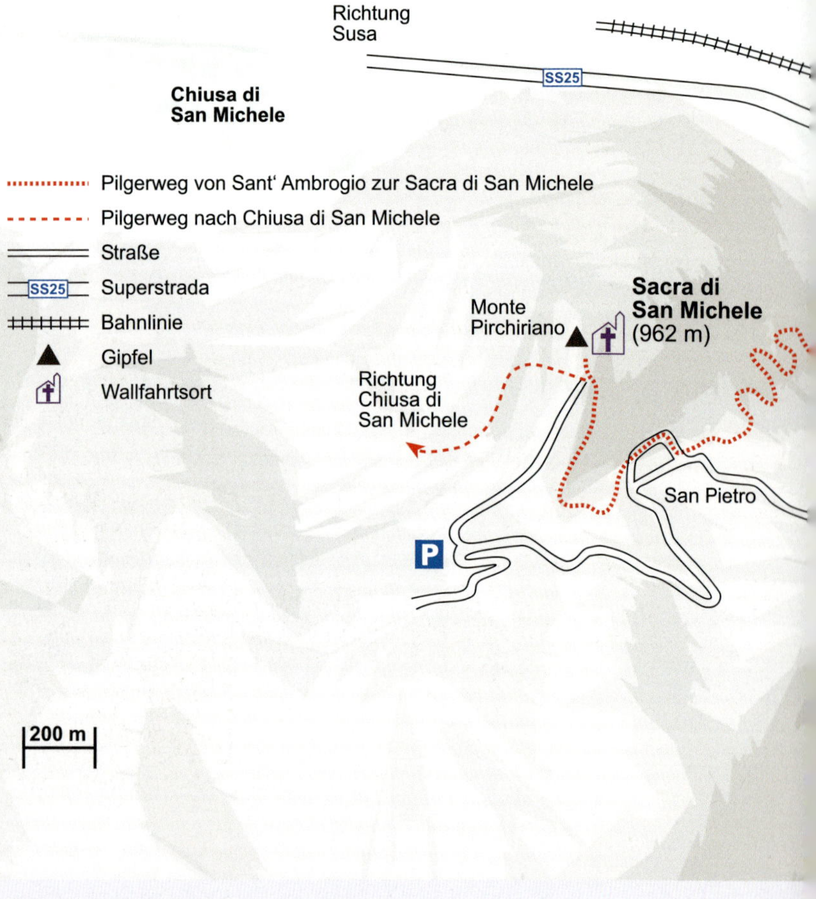

Richtung
Susa
SS25
Chiusa di
San Michele
Pilgerweg von Sant' Ambrogio zur Sacra di San Michele
Pilgerweg nach Chiusa di San Michele
Straße
SS25
Superstrada
Bahnlinie
Gipfel
Wallfahrtsort
Sacra di
San Michele
(962 m)
Monte
Pirchiriano
Richtung
Chiusa di
San Michele
San Pietro
P
200 m

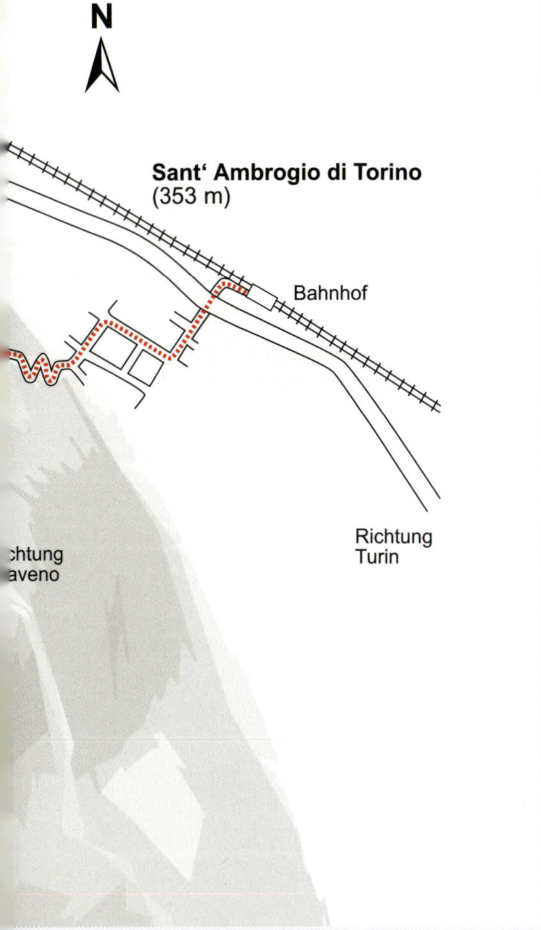
N
Sant' Ambrogio di Torino
(353 m)
Bahnhof
Richtung
Turin
:htung
aveno

»Wirklich oben bist du nie« – *Vom Rifugio Riposa zum Rocciamelone*

Wie hoch der Rocciamelone wirklich ist, sehe ich erst, als ich ihn kurz vor Susa am Himmel suche. Mehr als 3.000 Meter erhebt er sich über dem Talboden und ist mit 3.540 Metern der höchstgelegene Wallfahrtsort der Alpen. Schon früh wurde er bestiegen, 2008 feierte man in Susa das 650-jährige Jubiläum. Und auch die Pilgertradition nimmt im Jahr 1358 ihren Anfang, da der Erstbesteiger, Bonifacio Rotario d'Asti, am Gipfel ein Madonnen-Triptychon aufstellte. Bonifacio unternahm den beschwerlichen Anstieg von Susa aus, um ein in der Gefangenschaft abgelegtes Versprechen an die Muttergottes einzulösen. Er wollte das Bildnis auf den höchsten Gipfel bringen, der von seinem Heimatort aus zu sehen ist. Alpingeschichtlich war das eine sehr bemerkenswerte Leistung, die aufgrund der fehlenden literarischen Verarbeitung allerdings kaum bekannt geworden ist.

Blick aus Sant'Ambrogio zum Rocciamelone →

Zu weit gegangen?

Es war die Zeit der ersten zaghaften Versuche, sich den Bergen aus einem gewissen bergsteigerischen Interesse zu nähern. Francesco Petrarcas Besteigung des Mont Ventoux in der Provence (1.912 m) im Jahre 1336 wird bis heute als alpinistisches Initialereignis gewertet, obwohl Petrarca nicht der Einzige war, der im 14. Jahrhundert Alpengipfel bestieg. Sein Brief, den er noch in der Nacht der Rückkehr vom Gipfel an einen Freund schrieb, ist gleichwohl die wichtigste schriftliche Überlieferung einer alpinen Wallfahrt aus dieser Zeit[72] und eine gute Einstimmung auf den Pilgerweg zum Rocciamelone.

Eigentlich wollte Petrarca nur einmal den Berg besteigen, in dessen Nähe er sich viele Jahre aufgehalten und den er täglich gesehen hatte. Unterwegs aber wurde aus der Tour eine Wallfahrt. Nach dem mühsamen, langen Aufstieg war Petrarca oben hin- und hergerissen zwischen Bewunderung der sich ausbreitenden Landschaft und dem Gefühl, als Mensch durch die Besteigung des Gipfels eine Grenze überschritten zu haben. Petrarca hatte Angst, zu hoch gestiegen, zu weit dorthin vorgedrungen zu sein, wo in der Natur der Raum des Göttlichen beginnt. Der Blick von oben war nach antiker Vorstellung den Göttern reserviert – Menschen schauten von unten nach oben.[73] Um sich Trost zu verschaffen, schlug er am Gipfel die »Bekenntnisse« von Augustinus auf, die er immer bei sich trug. Die Stelle, auf die er stieß, machte ihn so betroffen, dass er auf dem gesamten Abstieg kein Wort mehr zu seinem Begleiter sprechen konnte[74]:

»Et eunt homines admirari alta montium,
et ingentes fluctus maris, et latissimos lapsus fluminum,
et oceani ambitum, et gyros siderum, et relinquunt se ipsos.

Da gehen die Menschen,
die Höhen der Berge zu bewundern
und die Fluten des Meeres, die Strömungen der Flüsse,
des Ozeans Umkreis und der Gestirne Bahnen,
und verlieren dabei sich selber.«

Das Gipfelerlebnis wirkte nachhaltig. Petrarca nahm die Einsicht mit ins Tal, dass die erstrebenswerte Höhe nicht auf dem Gipfel eines Berges liegt, sondern in der Tiefe der eigenen Seele. Und still ist er durch den Mont Ventoux geworden: »Der Rest meines Lebens war Schweigen.«[75]

Anfangs waren es einzelne Pilger, die den Weg bis zur Madonna am Gipfel des Rocciamelone auf sich nahmen. Nicht viele wagten sich in die große Höhe. 1673 wurde das Triptychon vom Gipfel ins Tal geholt, seit 1899 steht oben die drei Meter große »Madonna del Rocciamelone«. Im 18. Jahrhundert etablierte sich die regelmäßige, jährlich am 5. August stattfindende Prozession von der kleinen Ortschaft Pietrastretta aus, die etwas oberhalb von Susa liegt, genau dort, wo der Anstiegsweg zum Gipfel beginnt. Seit 1960 steht an der Stelle, wo die Pilger sich gesammelt haben, die Kirche »Santuario del Rocciamelone«, zu der es am 5. August als nichtalpine Variante eine kurze Prozession von der Kirche »San Giusto« in Susa aus gibt. Der 5. August ist der Gedenktag der »Madonna della Neve«, Maria zum Schnee, an dem auch von mehreren Orten im Aostatal zu hoch gelegenen Marien-Kapellen gepilgert wird. Seit im Jahr 1940 die kleine Straße hinauf zu Alpe Costa Rossa und dem Rifugio Riposa in 2.200 Metern Höhe gebaut wurde, ist der Prozessionsweg gegenüber den früher 3.100 Höhenmetern Anstieg deutlich verkürzt.

Aufstieg

In dem Jahr, in dem es mir endlich gelingt, am Tag der Wallfahrt nach Susa zu kommen, bin ich dann doch zu spät dran. Die Pilger feiern oben schon die Messe, als ich noch weit unten über die steilen Grashänge oberhalb des Rifugio Riposa steige. Ich hatte gehofft, dass die Feier am Gipfel sich aus irgendwelchen Gründen verzögern würde oder meine Angaben über deren Beginn nicht stimmten. Immer wieder suche ich den Gipfel, will schauen, wie weit es noch sei und ob ich schon irgendetwas sehen oder hören könnte, von dem, was oben geschieht. Ich finde nichts. Kurz vor dem Rifugio Cà d'Asti kommen mir die ersten Wallfahrer dann im Abstieg entgegen. Es stimmt also, dass pünktlich um 10 Uhr am Gipfel alle Pilger zusammen Gottesdienst in französischer Sprache feiern.

Die Hütte liegt schön auf einem Felsvorsprung, der steil nach Süden abbricht. Dieser Ort ist schon früh aufgrund seiner herausragenden Lage zu der wohl wichtigsten Station auf dem Pilgerweg geworden. Um den langen Aufstieg etwas zugänglicher zu machen, wurde bereits

Blick von der Terrasse des Rifugio Cà d'Asti

1419 eine Holzhütte als einfache Unterkunft in der Nähe der heutigen Hütte errichtet. Seit 1798 steht an dieser exponierten Stelle auch eine runde Kapelle vor dem Rifugio.[76]

Bald nach der Hütte passiert der Weg die Geröllgrenze. Immer wieder kommen mir Gruppen von Pilgern entgegen. Mehrere französische Bergsteiger schieben und tragen eine querschnittsgelähmte Frau in einer Art Mountain-Rollstuhl den steilen Pfad über die Steine abwärts. Ich kann nicht glauben, was ich da sehe. Zumal das, was sie tun, fast spielerisch wirkt, wie etwas Selbstverständliches. Später sehe ich sie wieder, am Nachmittag unten am Parkplatz, bei der abschließenden Brotzeit. Sie waren also die gesamten 1.500 Höhenmeter auf- und abgestiegen.

Transport einer querschnittsgelähmten Frau auf dem Hochgebirgspfad

Auf etwa 3.300 Meter steht »La Crocetta«, eine Steinpyramide mit kleinem Kreuz, die schon von weit unten zu sehen ist und den Gipfel des Rocciamelone hinter sich verbirgt. Ein schöner Ort. Von hier aus führt das letzte Stück des Pilgerweges drahtseilgesichert durch einige felsige Stufen zum Gipfel. Der Steig ist für die große Zahl der Pilger in diesem Bereich so angelegt worden, dass jeder trittsichere und schwindelfreie Bergwanderer ihn bei sicherem Wetter begehen kann. Oben setze ich mich erschöpft zu der riesigen »Madonna della Neve« und bin glücklich, das lange Steigen hier beenden zu können. Noch nie war ich von Talnähe aus auf einen so hohen Berg gestiegen.

Am Gipfel

Über ihre Erlebnisse auf Gipfeln haben Bergsteiger viel geschrieben und vielleicht noch mehr geschwiegen. Es gibt keinen Ort unserer Erde, an dem die Erfahrung, eine absolute Grenze der stofflichen Welt erreicht zu haben, so unmittelbar ist wie auf dem Gipfel eines hohen Berges. Von hier aus geht es nicht mehr weiter. Der Raum, in den Wege führen, endet. Vielleicht war es dieser Eindruck, der Petrarca vom Mont Ventoux so schweigsam zurückkehren ließ. Auf die Gipfelerfahrung im hohen Gebirge trifft die klassische Charakterisierung erhabener Landschaften besonders zu – sie sind »*simul tremendum et fascinosum*«, furchterregend und wunderschön zugleich.

Gipfel sind Orte, an denen ich oft länger bleiben will, als ich kann. Nach langen Anstiegen befällt mich manchmal eine Gipfeltrauer. Die Aussicht auf den bevorstehenden Abstieg wird zur Qual. Wozu und wohin absteigen? Es geht wieder zurück in die Täler, um dann neue Berge zu suchen, auf die ich steigen und von denen ich wieder zurückkommen werde. Die Zukunft stellt sich mir als irgendwie lustloser Kreislauf vor.

Reinhard Karl muss diesen Zustand auf seinen extremen Touren in erheblich gesteigerter Intensität erfahren haben. Aber irgendwann hat er sich der unabwendbaren Notwendigkeit gefügt, von einem Gipfel nur wieder absteigen zu können, und eingesehen, dass es ihm beim Bergsteigen nicht anders als im ganzen Leben gehen wird. »Wirklich oben bist du nie«, ist eines seiner großen Mantras über das Bergsteigen, das sich auf seinen zahllosen Wegen durch die Berge gebildet hat. Jeder Gipfel, vor allem der Mount Everest, auf dem er eines Tages stand, waren für ihn Vorgipfel zu dem eigentlichen Gipfel, von dem Karl nicht erwartete, ihn jemals zu erreichen.[77] Sehr früh ist Karl gestorben, in einer Eislawine am Cho Oyu. Auch Reinhold Messner beschreibt in vielen seiner Texte die Ambivalenz der Gipfelerfahrung, einen eindeutigen Endpunkt erreicht zu haben, dort aber nicht bleiben zu können. In diesem Zustand sieht er einen Ausdruck seiner lebenslangen Sehnsucht, Orte zu erreichen, an denen die Suche nach Wegen endet. Deshalb hat er nie aufgehört, weiter auf Gipfel zu gehen, auch wenn der Abstieg oft härter als der Aufstieg ist:

»Seit Jahren frage ich mich, warum ich immer wieder auf den Gipfel muss, zum Endpunkt. Ich denke, dass jeder Mensch zum Gipfel will, ich meine damit nicht unbedingt den Gipfel eines Berges, sondern Punkte, wo ein Ende ist, wo alle Linien zusammenlaufen und Materie sich verjüngt, förmlich entstofflicht«.[78]

Ganz schwach ist der Monte Viso zu erkennen. Sein Gipfel grenzt an die Wolken.

Es wird Zeit zu gehen. Ich verlasse den Rocciamelone mit dem Vers aus dem Psalm 43, den ich manchmal spreche, wenn ich unterwegs bin: »Sende dein Licht und deine Wahrheit, damit sie mich leiten; sie sollen mich führen zu deinem heiligen Berg und zu deiner Wohnung« (Ps 43,3).

Auf dem Abstieg bleibe ich wieder bei »La Crocetta«, schaue ins Tal und zu dem einzigen erkennbaren Berg, der noch höher ist als der Rocciamelone: der Monte Viso, weit im Süden. Auch ein schöner Gipfel!

Rocciamelone
(3538 m)
N
Pilgerweg von La Riposa
zum Rocciamelone
Alter Steig von Mompantero
zum Rocciamelone
Straße von Susa
zur Rifugio La Riposa
SS25
Superstrada
E70
Autostrada Turin - Bardonecchia
Gipfel
Rifugio / Hütte
La Crocetta
(3306 m)
Rifugio
Cà d'Asti
(2854 m)
Rifugio
La Riposa
(2205 m)
(2080 m)
P
Rifugio
Il Trucco
(1706 m)
Alter Steig von Mompantero
zum Rocciamelone
Straße von Susa
zur Rifugio La Riposa
Mompantero
E70
SS25
Susa
(501 m)
Richtung
Bardonecchia
Richtung
Turin
500 m

Ziel	Rocciamelone (3.538 m)
Gebirgsgruppe	Grajische Alpen, Valle di Susa
Höhenmeter	1.500 m
Distanz	Direkter, steiler Aufstieg. Von Susa aus etwa 20 Kilometer bis zum Gipfel
Gehzeit	4 Std. Es ist sinnvoll, die Nacht in einer der Hütten zu verbringen und sich für den Weg zwei Tage Zeit zu nehmen.
Beste Jahreszeit	Sommer. Tag der Wallfahrt ist der 5. August, Treff der Pilger gegen 6 Uhr am Rifugio Riposa, um 10 Uhr wird am Gipfel die heilige Messe gefeiert.
Schwierigkeiten/ Anforderungen	Anstrengende Tour, viele Höhenmeter in großer Höhe. Unbedingt gute Kondition erforderlich. Technisch ist der Anstieg nicht schwierig, für trittsichere, erfahrene Bergwanderer bei guten Verhältnissen (kein Schnee oder Eis) machbar. Auf den letzten 150 Höhenmetern geht es durch felsiges Gelände, das aber durch Seile und teilweise stufenartige Tritte entschärft ist. Nur bei wirklich stabiler Wetterlage gehen. Ein Wettersturz in dieser Höhe kann schnell eine sehr kritische Situation herbeiführen. Im Hochsommer ist ein früher Aufbruch wichtig, da ab Mittag die Gewitterneigung deutlich zunimmt.
Einstieg	Parkplatz etwa 1 km unterhalb des Rifugio Riposa auf 2.060 m Höhe. Nach etwa 100 Metern der Straße entlang markieren

	eindeutige Wegweiser die Stelle, wo der Pfad die Straße verlässt.
Wegverlauf	Parkplatz, 1km unterhalb des R. Riposa (2.050 m), oder R. Riposa (2.205 m) – Rifugio Cà d'Asti (2.854) – La Crocetta (3.306 m) – Gipfel (3.538 m)
Hütten/ Übernachtungs-möglichkeiten	Beide Hütten sind im Sommer bewirtschaftet mit Übernachtungsmöglichkeit. Am Gipfel steht das Bivacco Santa Maria, das aber nur als Notunterkunft zur Verfügung steht. Rifugio Riposa: Tel.: 0039-0122/622323; Rifugio Cà d'Asti: Tel.: 0039-0122/622053. Sonstige Übernachtungsmöglichkeiten im Tal.
Anfahrt	Mit dem Zug über Turin nach Susa. Auffahrt zur Hütte dann aber nur mit Taxi, evtl. per Anhalter möglich. Mit dem PKW über die Autobahn von Turin ins Susa-Tal, Ausfahrt Susa-Est. Im Ort direkt die erste Straße rechts nehmen (Wegweiser zum Rifugio Riposa), über die Bahngleise, dann kurz wieder rechts und die nächste Straße wieder links. Hier beginnt die 20 km lange Zufahrt zum Parkplatz (die ersten 17 km führen über eine schmale Teerstraße, das letzte Stück über Schotter).
Wegvariante	Wer konditionell dazu in der Lage ist, kann sich überlegen, den Rocciamelone auf dem langen, klassischen Anstieg von Susa aus komplett zu Fuß zu besteigen. Das ist ein

großer Weg, sicher die steilste Pilgertour der Alpen. 3.100 zusammenhängende Höhenmeter geht es hinauf und wieder hinunter. Für die zwei notwendigen Übernachtungen unterwegs bietet sich die Rifugio Il Truc (Tel. 0039-0122/32963) an. Am ersten Tag also von Susa (480 m) – Il Truc (1.700 m) (4 Std.), dann am zweiten, sehr anstrengenden Tag mit möglichst leichtem Gepäck zum Gipfel und zurück (9 Std.), am dritten Tag der Abstieg ins Tal (2,5–3 Std.). Der klassische Weg beginnt in Pietrastretta und führt durch verschiedene Weiler der Gemeinde Mompantero steil aufwärts über den Weg 558 zum Rifugio Il Truc. Dann weiter, ein Stück entlang des GTA, zum Parkplatz unter der R. Riposa und über den dort beginnenden Anstiegsweg.

Karten Instituto Geografico Centrale, Nr. 2, Valle di Lanzo e Moncensio, 1:50.000

Literatur

Auer, Ludwig: Sie lebten für Gott. Heiligenlegenden, Donauwörth [7]1965.

Augustin, Aurelius: Bekenntnisse (Lateinischer Originaltitel: Confessiones). Eingeleitet und übertragen von Wilhelm Thimme, Stuttgart 1977.

Böhme, Gernot: Natur vor uns, Zug 2002.

Brönnle, Stefan: Landschaften der Seele. Von mystischen Orten, heiligen Stätten und uralten Kulten, München 1994.

Büchner, Georg: Lenz. Der Hessische Landbote (1834), Stuttgart 1957.

Dauer, Tom: Reinhard Karl – Ein Leben ohne Wenn und Aber, Zürich 2002.

Evagrius Ponticus: Praktikos, Münsterschwarzach 1986.

Falkner, Christian: Sagen aus dem Ötztal. In: Ötztaler Buch, Schlern-Schriften 229, Innsbruck 1963.

Falter, Reinhard: Der Berg als Gott – Wahrnehmung und Darstellung der Berge in der Antike, in: Berg 2001 (125), 222–237.

Falter, Reinhard: Natur neu denken, Klein Jasedow 2003.

Gnilka, Joachim: Das Matthäusevangelium. Erster Teil. Kommentar zu Kapitel 1,1–13,58, in: Wikenhauser, Alfred/Vögtle, Anton/Schnackenburg, Rudolf (Hrsg.), Herders Theologischer Kommentar zum Neuen Testament I/1, Freiburg/Basel/Wien 1986.

Grober, Ulrich: Vom Wandern. Neue Wege zu einer alten Kunst, Frankfurt 2006.

Gruber, Karl: Abtei – Badia. Diözese Bozen-Brixen (Südtirol). Pfarrkirche zu den hll. Leonhard und Jakobus. Sitz des Dekanates Enneberg-Gadertal, [2]2004.

Gruber, Karl: Kirchenführer Schnals. 700 Jahre Marien-Wallfahrt Schnals. 1304–2004, Pfarre Schnals 2004.

Grün, Anselm: Der Himmel beginnt in dir, Freiburg im Breisgau, [15]2004.

Guttenbrunner, Herbert: Plodner-Wallfahrt und Zahre nach Maria zu Luggau, Köttmannsdorf 2007 (Zu beziehen unter der Privatanschrift: Am Teller/Talir 11, A-9071 Köttmannsdorf).

Hackmann, Heinrich: Chinesische Philosophie, München 1921.

Haid, Hans: Mythos und Kult in den Alpen. Ältestes, Altes und Aktuelles über Kultstätten und Bergheiligtümer im Alpenraum, Rosenheim ^{3}2002.

Haid, Hans: Mythen der Alpen, Wien 2006.

Hohl, Ludwig: Bergfahrt, Frankfurt/Main 1975.

Jäger, Willigis: Die Welle ist das Meer. Mystische Spiritualität. Hrsg. von Christoph Quarch, Freiburg/Basel/Wien ^{4}2000.

James, William: Die Vielfalt religiöser Erfahrungen (1901), Frankfurt 1997.

Karl, Reinhard: Erlebnis Berg. Zeit zum Atmen, München 1993.

Kerouac, Jack: Gammler, Zen und hohe Berge, Reinbek 1971.

Die Lorettokapellen in Oberstdorf, hrsg. v. Katholische Pfarrkirchenstiftung St. Johannes Baptist, Weiler im Allgäu 2002.

Lukas, Elisabeth: Der Seele Heimat ist der Sinn, Logotherapie in Gleichnissen von Viktor E. Frankl, München ^{3}2007.

Loyola, Ignatius von: Geistliche Übungen. Übertragung und Erklärung von Adolf Haas; mit einem Vorwort von Karl Rahner, Freiburg/Basel/Wien ^{3}1977.

Markovits, Martina und Klaus: Auf Wallfahrtswegen in Tirol, Bd. 1–4, Innsbruck 2000–2002.

May, Christof: Pilgern. Menschen auf dem Weg, Würzburg 2004.

Menara, Hanspaul: Ein Südtiroler Bildwanderbuch, Urwege, Bozen 1984.

Messner, Reinhold: Der gläserne Horizont, München 1982.

Messner, Reinhold: Grenzbereich Todeszone, Köln 1987.

Minola, Mauro: Rocciamelone. Tra storia fede, Sant'Ambrogio di Torino 2008.

Neuber, Christine: Gottesberge und Bergsteiger. Berge als Orte spiritueller Erfahrung, in: Geist und Leben 5/2008, 321–335.

Peskoller, Helga: BergDenken, Wien 1997.

Petrarca, Francesco: Die Besteigung des Mont Ventoux (1336), in: Frühe Zeugnisse (Alpine Klassiker Bd. V), München 1986, 23–43.

Pötscher, P. Dr. Augustinus M. (OSM): Maria Luggau. Kärnten (= Christliche Kunststätten Österreichs, Nr. 318), Salzburg [5]2005.
Popko, Marciej: Berge in Mythos und Geschichte des alten Orients, in: Berg ´92 (116), 283–288.
Rahner, Karl: Von der Not und dem Segen des Gebetes, Freiburg [8]1968.
Rahner Karl: Alltägliche Dinge, Einsiedeln [10]1980.
Ratzinger, Joseph: Einführung in das Christentum, München 1968.
Riehle, Wolfgang (Hrsg.): Das Buch von der mystischen Kontemplation, genannt die Wolke des Nichtwissens, worin die Seele sich mit Gott vereint, Einsiedeln [4]1991.
Ritzhaupt, Fritz: Wegzeichen. Bergsteigen und christliche Existenz, Bozen 1980.
Rosenegger, Josef: Der Petersberg bei Flintsbach (Hrsg.: Katholische Kirchenstiftung Petersberg bzw. Katholisches Pfarramt Flintsbach), Flintsbach [2]1989.
Rosenegger, Josef: Petersberger Stationsweg zu den hl. Aposteln. Den Weg der Apostel gehen, verstehen, beten, Oberaudorf o.J. (Herausgeber und Verlag: Kath. Pfarramt Flintsbach).
Schemmann, Christine und Karlheinz: Wallfahrten im Gebirge. 50 Wanderungen im Gebirge, München 1991.
Schmid, Margrit Rosa: Schwarz bin ich und schön. Das Geheimnis der schwarzen Madonna, Zürich 2002.
Schneider, Gerhard: Das Evangelium nach Lukas. Kapitel 11–24, in: Gräßer, Erich – Kertelge, Karl (Hrsg.), Ökumenischer Taschenbuchkommentar zum Neuen Testament Band 3/2, Gütersloh-Würzburg 1977.
Schneider, Gerhard: Die Apostelgeschichte, I. Teil. Einleitung. Kommentar zu Kap. 1,1–8,40, Freiburg/Basel/Wien 1980 (= Herders Theologischer Kommentar, Band V).
Simmel, Georg: Das Abenteuer, in: ders.: Philosophische Kultur (1911), Berlin 1998, 25–37.
Simmel, Georg: Die Alpen, in: ders.: Philosophische Kultur (1911), Berlin 1998, 125–130.
Stecher, Reinhold: Die Botschaft der Berge, Innsbruck/Wien 1992.

St. Peter, Diener der Wahrheit. Auf den Spuren des hl. Petrus in der Erzdiözese München und Freising, hrsg. v. Erzbischöflichen Ordinariat, München 2006.
Tiefenthaler, Helmut: Historische und heutige Pilgerwege von Vorarlberg nach Einsiedeln, download unter: www.vorarlberg.at.
Tiefenthaler, Helmut: Über Wildhaus nach Einsiedeln. Ein ökumenischer Pilgerweg, download unter: www.vorarlberg.at.
Tillich, Paul: In der Tiefe ist Wahrheit. Religiöse Reden, Stuttgart [7]1978.
Waldau, Knut/Betz, Helmut: Berge sind stille Meister. Spirituelle Begleitung beim Weg durchs Gebirge, München [2]2005.

Anmerkungen

Maria Luggau

1 Nähere Informationen und viele Bilder in Guttenbrunner. »Plodn« ist im Dialekt »Sappada«. Man findet auch den deutschen Begriff »Bladen« für diesen Ort, der einer der deutschen Sprachinseln der Zimbern ist.
2 Zur Geschichte der Wallfahrt und des Gnadenbildes s. z.B.: Pötscher, P. Dr. Augustinus M. (OSM), Maria Luggau. Kärnten (= Christliche Kunststätten Österreichs, Nr. 318) Salzburg ^{5}2005, 2–5.
3 Jäger, 24.

Maria Alm – St. Bartholomä

4 Vgl. Auer, 289 f.
5 Augustinus, 11. Buch, 14. Kapitel.

Petersberg

6 Vgl. Rosenegger, Petersberg bei Flintsbach, 34–37.
7 Vgl. St. Peter, 17.
8 Schneider, Apostelgeschichte, 280.
9 T: Kehrvers: Nach dem Sonnengesang des hl. Franziskus von Assisi. Deutscher Text: Winfried Pilz; M: mündlich überliefert; R: beim Autor, in: Erzbischöfliches Generalvikariat Köln, Hauptabteilung Seelsorge (Hrsg.), kommt und singt. Ein Kinderliederbuch nicht nur für Kinder, Köln 1992.
10 Ignatius von Loyola, 25.
11 Grün, 125 f.
12 Rosenegger, Stationsweg.

Heilig Kreuz

13 Vgl. Gruber, 39.
14 Unter »Werk« wird in der Wolke des Nichtwissens die »Liebeshingabe der Seele« bezeichnet, die sich »ausschließlich auf Gott um seiner selbst willen« richtet. Riehle, 17.

15 Ebd., 45 f.
16 Eckert, Eugen (T) – Heurich, Winfried (M) – Kandziora, Jürgen (S), Meine engen Grenzen, aus: LP/MC »Aus Liebe zum Menschen. Ökumenische Messe für den Frieden«, Nr. 9980, Limburg 1981.
17 Vgl. Wolke des Nichtwissens, 33.
18 Vgl. ebd., 45.

Maria Weißenstein

19 Alfred Hoppe berichtet in seiner 1913 erschienenen Schrift, dass am Ende des Pilgerweges rings um den hohen Stamm eines Kreuzes ein ganzer Hügel von kleineren und größeren Steinen aufgeschichtet worden sei, die von den Pilgern als Ritual der Buße aus dem Tal hochgebracht wurden, vgl. dazu Haid, 179.
20 Rahner, 13 f.
21 J. Kersten, SZ vom 24.7.08, 34.
22 Evagrius, Kap. 6. zählt Gaumenlust, Unkeuschheit, Habsucht, Traurigkeit, Zorn, Akedia, Ruhmsucht und zuletzt den Stolz dazu, wobei er in der Beschreibung der einzelnen »Gedankenkategorien« deren Wirkungen auf die Seele sehr unterschiedlich wertet.
23 »Vor allem sieh dieser Versuchung der Akedia ins Auge, denn sie ist die schlimmste von allen, sie hat aber auch die größte Reinigung der Seele zur Folge. Von solchen Konflikten zu fliehen oder sie zu scheuen, macht den Geist ungeschickt, feige und furchtsam« (Evagrius).
24 Gregor von Nyssa: Homilien zum Hohelied 11, Cant. 5,2c-f, zit.n. May, 103.
25 Zit.n. Haid, 180.

Latzfons

26 Tillich, 52.
27 Menora, 49.
28 Ebd.
29 Kerouac, 53.

Georgenberg

30 Es gibt zu allen großen Wallfahrtsorten viele alte und neuere Pilgerwege, auch jenseits der bekannten Hauptrouten. Die Freiheit der Wegwahl und Suche nach neuen Zugängen, über die ein Wallfahrtsort zu erreichen ist, war von Beginn an prägend für die Pilgerbewegung, weil es deren Idee des möglichst voraussetzungslosen und offenen Unterwegsseins entsprach.

31 Karl, 164.

32 Ausführlich dazu in: Falter, Natur neu denken.

33 Den Schlüssel gibt es beim Wirt der Alm.

34 Zit. n. William James, 98.

35 Vgl. auch den Text im Johannesevangelium: »Wer von diesem Wasser trinkt, wird wieder Durst bekommen, wer aber von dem Wasser trinkt, das ich ihm geben werde, wird niemals mehr Durst haben; vielmehr wird das Wasser, das ich ihm gebe, in ihm zur sprudelnden Quelle werden, deren Wasser ewiges Leben schenkt« (Joh 4,13 f.).

36 Kapitel 76 des Daodejing, zit. n. Hachmann, Chinesische Philosophie, München 1921, 63. Den Hinweis auf den Text verdanke ich einem Artikel von Reinhard Falter, vgl. dazu auch sein Buch: Natur vor uns.

37 Nach der Übertragung von Maria Luise Thurmair und Markus Jenny, Schott Messbuch, Lesejahr C, Freiburg 1982, 306 f.

38 Waldau/Betz, 104.

39 Im Wallfahrtsbuch von Alfred Hoppe aus dem Jahr 1913 wurde zeitgemäß als Kriterium die Zahl der jährlichen Kommunionempfänge ausgewertet. St. Georgenberg kam auf 1600, zit. n. Haid, 115. Die folgenden Angaben zur Wallfahrtsgeschichte von St. Georgenberg sind der Homepage www.st-georgenberg.at sowie der Festschrift 850 Jahre Benediktinerabtei St. Georgenberg-Fiecht, St. Ottilien 1987, entnommen.

40 Rainer Maria Rilke: Stundenbuch.

Vent

41 Haid, Mythos und Kult
42 Vgl. ebd., 13.
43 Ebd., 16.
44 Vgl. ebd., 11 und 16.
45 vgl. Gruber, Kirchenführer Schnals, 14 f.
46 Vgl. Haid, 248 f.; zitiert aus: Falkner.
47 Vgl. Haid, 11 f.
48 T: Thomas Laubach (1989); M: Christoph Lehmann (1989) © tvd-Verlag, Düsseldorf.
49 Vgl. Jes 43,4.

Holzgau

50 Lorettokapellen, 1.
51 Vgl. ebd., 6.
52 Vgl. Gnilka, 242.
53 Vgl. ebd., 243.
54 Vgl. Schneider, 334.
55 Vgl. http://oberstdorf-online.info/gebaeude/knie-kapelle.htm.

Einsiedeln

56 Zit. n. Tiefenthaler, Historische ... Pilgerwege, 16.
57 Ebd., 4.
58 Schmid, 15.
59 Zit. n. Tiefenthaler, Historische ... Pilgerwege, 7.
60 Vgl. ebd., 8.
61 Hermes hatte als Götterbote Zugang zur Götter- und Menschenwelt.
62 Lukas, 65 f.
63 Tiefenthaler zitiert aus einem alten Bericht, in dem es heißt, dass die Brücke den Pilgern dienen solle, »die gen Einsidlen giengend zu unser lieben Frowen Wallstatt, damit Si Ire Gottzfart desto ringer vollbringen möchtind, und nit über den See (der oft nit zu faren) mit Kosten schiffen müstind«, Historische ... Pilgerwege, 10.

64 Vgl. die entsprechende Angabe auf der Homepage: www.einsiedeln.ch.
65 Schmid, 3.
66 Ratzinger, 18 f.

San Michele

67 Zit. n. der Internetseite über den Berg und das Gebäude: www.sacradisanmichele.com
68 Vgl. Lexikon für Theologie und Kirche (1962), Bd. 7, 395.
69 Vgl. Gen 16.
70 Vgl. die sehr informative Seite von Manfred Becker-Huberti: www.religioeses-brauchtum.de.
71 Rahner, Not, 76–92.

Rocciamelone

72 Die folgenden Zitate sind entnommen aus: Petrarca, 23–43.
73 Vgl. Peskoller, 302.
74 Da auch in der deutschen Übersetzung nur an dieser Stelle auch der lateinische Text genannt ist, übernehme ich das Zitat hier vollständig (in beiden Sprachen); Petrarca, 41 f.
75 Ebd., 42.
76 In den 1990er-Jahren wurde sie am alten Standort neu gebaut.
77 Vgl. Karl.
78 Messner, Grenzbereich, 179.

FRANK-
REICH
E60
Basel
E60
Rhein
E54
Bodensee
E54
Obe
St.
E60
Zürich
Zürichsee
Wattwil
Einsiedeln
Aare
E25
Neuenburger
See
Bern
SCHWEIZ
E35
Rhein
E27
E43
Rhône
Adda
Comer See
Lago
Maggiore
ITALI
E27
E25
E35
Mailand
E64
Ticino
Adda
Ogl
Rifugio
Riposa
Rocciamelone
Sant
Ambrogio
E70
San Michele
Po
Po
Turin